WASSER WELTEN ZWISCHEN HIMMEL UND ERDE

ALS WUNDER UND
ALS BUND DES LEBENS
IST UNS WASSER.
KLAR UND HELL
ENTSTEIGT ES FELS
UND GRUND.
FLIESSEND EILT ES
HIN ZUM MEER
VOM QUELL ZUM BACH
ZUM FLUSS, ZUM STROM
IM INNEREN GESETZ.

ALS WOLKE, AUCH ALS HAUCH
FEIN IN DER LÜFTE WELTEN
ALS NEBELSCHLEIER, SILBERREIF
ALS SCHNEE, ALS HAGEL
UND ALS REGENSTROM.
BEKLEIDET FELD UND STRAUCH
UND NÄHRT SIE AUCH
DASS UNS DAS FRISCHE GRÜN
ZUR ERNTE REIFT
UND LEBEN TRÄGT.

STILLE IST UM JEDES TIER
WENN ES ZUR TRÄNKE GEHT.
ES NEIGT SICH
TRINKT
UND WEISS VON KEINER JAGD.
WIE PARADIESISCH
STEHT DIE ANTILOPE
NAH DEM LÖWEN.
AM WASSERLAUF
IST LEBEN
NÄHER ALS DER TOD.

DIE ERDE SPRICHT
WENN FLUTEN ÜBER
MENSCH UND LAND
WIE BRUCH UND SCHREI
SCHLUCHT
SCHWARZE MASSE NUN
ENTSETZEN
SCHLEUDERKRAFT
IN GRAUSEN
SICH ERGIESSEN.

DAS WASSER SCHEINT
VON GOTTES WORT
EIN TEIL ZU SEIN
IST UNS GEBOT
UND ZUVERSICHT
IST LEBENSQUELL
UND GNADE AUCH.
SCHEINT STRAFE FÜR
DIE UNVERNUNFT
WENN WIR GESETZEN
TROTZEN
UND LEHRT UNS
LEBEN.

SO NEIGT DER MENSCH
SEIN HAUPT
UND STEHT IM FLUSS.
WENN SICH DIE SONNE
AUS DER NACHT ERHEBT
HEBT ER DIE SCHALE WASSER
UM SEGEN ZU ERFLEHN
FÜR SICH UND SEINE WELT
FÜR DAS
WAS ER IN SICH
VOM GOTTE WEISS
FRAGT ER
DEN FRIEDEN.

Brigitte Smith

WASSER

WELTEN ZWISCHEN HIMMEL UND ERDE

FOTOS VON ART WOLFE

TEXTE VON MICHELLE A. GILDERS
UND CLAUS BIEGERT

ÜBERSETZUNG VON
ILSE ROTHFUSS

VA
VILLA
ARCENO

ZWISCHEN HIMMEL UND ERDE

Wasser ist mehr als ein Lebensraum, es ist Leben. Es durchströmt unseren Planeten, unseren Körper. Wasser hat unsere Erde geformt, unsere Evolution bestimmt, unsere Physiologie, unsere Gesellschaften, unsere Kulturen und unsere Religionen. Mangel an Wasser ist gleichbedeutend mit Tod, sein Überfluß mit Reichtum und Wohlstand.

Durch den ständigen Kreislauf des Wassers – von der Atmosphäre in die Ozeane, von Flüssen und Seen in Aquifere bis zur Quelle – hat das Leben seinen Aufschwung genommen und einen unendlichen Formenreichtum entfaltet. Für unsere Vorfahren bestand unsere Welt aus vier Elementen: Erde, Luft, Feuer, Wasser. Aber das letzte war das beherrschende, denn Wasser formt die Erde, reist mit dem Wind und löscht das Feuer.

Jede Spezies auf Erden ist vollständig vom Wasser abhängig: der dreißig Meter hohe Baum, der über die Kapillarwirkung Wasser aus seinen Wurzeln in die Blätter transportiert, ebenso wie die Wasserinsekten, die sich die Oberflächenspannung eines Teichs zunutze machen, um über die Wasserfläche zu hüpfen, oder der Krötenfrosch, der elf Monate des Jahres schlafend unter dem Wüstensand verbringt, bis hin zu den Myriaden von Meeresgeschöpfen.

Wasser nimmt das Sonnenlicht, Wind und den Regen auf und verwandelt sich in etwas anderes. Lange Zeit haben die Alchimisten nach einer universalen Substanz gesucht, nach etwas, das Unscheinbares in Glänzendes, Wertloses in Kostbares verwandeln kann. Vielleicht stellt sich irgendwann heraus, daß diese Substanz nichts anderes ist als Wasser.

Über 71 Prozent der Erdoberfläche sind von Wasser bedeckt, und davon sind 97,95 Prozent in Ozeanen und Seen enthalten. Ich hatte das Glück, viele dieser riesigen Reservoire vor Augen zu haben: den Arktischen Ozean, die Bering- und Tschuktschensee, den Nord- und Südpazifik, die Scotia Sea, den Atlantik, die Nordsee und die Irische See, den Ärmelkanal und das Mittelmeer, den Golf von Alaska und die Karibik, die Cortez-See und den Golf von Mexiko, die Juan-de-Fuca-Straße und die Magellanstraße. Ich habe die Drake-Straße und die Beringstraße überquert, die Inside-Passage und den Beagle-Kanal bereist. Und jedesmal staune ich von neuem, daß eine durchsichtige Substanz wie Wasser sich so verschieden zeigen kann. In jedem Ozean sieht das Wasser anders aus.

In den klaren, warmen Fluten der Cortez-See habe ich mit kalifornischen Seelöwen getanzt, bin mit ihnen durch die Wellen geglitten, während unter uns Engelhaie und Jägerfische schwammen. Und in den smaragdgrünen und saphirblauen Wassern des Südpazifik tauchte ich mit Stechrochen und Teufelsfischen über den goldenen Sand und die Korallenriffe versunkener Vulkanhänge. Ich habe Pinguine durchs Wasser fliegen sehen, ebenso Hunderttausende von Sturmtauchern und Albatrossen, wie sie über Fisch-

IST WASSER

VON MICHELLE A. GILDERS

schwärme herfielen, und mittendrin Schwertwale, die Buckelwale jagten. Ich habe Eisbären von Eisscholle zu Eisscholle springen sehen, ihr cremeweißes Fell schimmernd vor dem schmutzig-weißen Sommereis, und Grönlandwale, durch offene Wasserrinnen ziehend, begleitet von milchweißen Belugawalen.

Die Alten glaubten, die Erde sei aus dem Wasser geboren. Einige Meeres- und Schöpfungsgeschichten sind universell: Dieselben Motive winden sich durch die Kulturen wie ein Fluß, der weitverstreute Völker mit einer gemeinsamen Quelle verbindet. In den mesopotamischen Mythen schufen die Götter den Menschen aus Lehm, um ihn zu ihrem Sklaven zu machen. Doch irgendwann wurden sie ihrer Schöpfung überdrüssig und beschlossen, die Welt mit einer großen Flut zu vernichten. Enki, der Gott des Wassers (der uns heute als das Sternbild Steinbock vertraut ist), warnte einen Mann namens Ziusudra vor der drohenden Überschwemmung. Ziusudra baute ein riesiges Schiff und trotzte den Fluten, bis das Wasser zurückwich. Die jüdisch-christliche Religion übernahm später diesen Mythos, und aus Ziusudra wurde Noah.

Geben die Meere der menschlichen Phantasie einfach nur ähnliche Geschichten ein, oder existiert ein tieferes Band, so etwas wie eine kollektive Erinnerung der menschlichen Rasse, die von geographisch so weit entfernten Völkern wie den Sumerern und den Inkas geteilt wird? Einige Geologen sind der Ansicht, daß die nordamerikanische Eiskappe vor 11600 Jahren einen massiven Zusammenbruch erlebte und daß das Schmelzen des Eises die Meeresspiegel ansteigen ließ, ein Phänomen, das sich blitzartig um die ganze Erde fortgesetzt haben könnte. Eine derart gewaltige Flutwelle hätte die Küstenbewohner der ganzen Welt gezwungen, landeinwärts zu fliehen, und könnte der Ursprung einer universellen Geschichte von der Großen Sintflut gewesen sein.

Das Wasser erhält unseren Körper im elementarsten Sinn, aber es bewirkt noch etwas anderes, etwas viel Wesentlicheres: Es stimuliert uns. Das Wasser weckt den Entdecker in uns, denn wir möchten wissen, was hinter dem Horizont liegt. Es macht uns zu Wissenschaftlern, die erforschen wollen, woher die Strömungen kommen und welche Kräfte die Gezeiten hervorrufen. Es weckt den Biologen in uns, der unter die Oberfläche taucht, auf der Suche nach ungeahnten Kreaturen. Und es bringt den Dichter und Philosophen in uns zum Vorschein, der die ganze Welt im Wasser widergespiegelt sieht, von den Gestirnen bis zu unseren eigenen fragenden Gesichtern.

Wasser hat in der Geschichte der Menschheit schon immer starke Emotionen geweckt. Stürme und Überschwemmungen wurden finsteren und rachsüchtigen Göttern zugeschrieben, während saisonale Regenfälle, die die Ernten gedeihen ließen und die Seen füllten, als Gaben einer barmherzigeren Gottheit betrachtet wurden. Wasser war heilend und reinigend. Wasser als Metapher bestimmt unsere Sprache und unser Denken: Stille Wasser sind tief. Der Spiegel, den kein Stein zerbrechen kann. Stets sich wandelnd und ewig dasselbe.

Wasser ist nur scheinbar eine einheitliche Substanz, und seine chemische Einfachheit straft seine komplexe Natur Lügen. Im Jahr 1781 wurde es erstmals synthetisiert, und das „Urelement" entpuppte sich als Verbund von zwei Wasserstoffatomen und einem Sauerstoffatom, die kovalent gebunden sind und ein dreidimensionales Molekül bilden, das H_2O. Wasserstoffbrückenbindungen bilden sich auch zwischen dem Wasserstoffatom eines bestimmten Moleküls und dem benachbarten Sauerstoffatom eines anderen Moleküls, so daß eine ganze Anzahl gitterartiger Strukturen entstehen, die für die besondere Natur des Wassers verantwortlich sind. Wenn das Wasser in Form von Dampf vorliegt, sind die Wassermoleküle im wesentlichen unabhängig, und Wasserstoffbrücken zwischen den einzelnen Molekülen sind selten. In flüssigem Zustand sind die Wasserstoffbrücken dagegen häufig, wodurch kurzfristige Gitterstrukturen entstehen, die dem Wasser seine relativ ausgeprägte Viskosität, seine starke Oberflächenspannung und seinen hohen Siedepunkt verleihen. Unter 0° Celsius bildet das Wasser ein geordnetes, regelmäßiges Gitter, das im Unterschied zu den festen Formen anderer Substanzen weniger dicht ist als die Flüssigkeit. Das ist der Grund, warum festes Wasser, also Eis, schwimmt. Wäre das nicht der Fall, dann würden Bäche und Flüsse von unten her zufrieren, und das Überleben der Süßwasserorganismen während eines langen Winters wäre in Frage gestellt.

Die Erde ist aus interstellarem Staub und Schutt entstanden, der sich vor 4,6 Milliarden Jahren um unsere Sonne herum angesammelt hat. Noch bis vor 3,8 Milliarden Jahren dauerte das Kollidieren und Anhäufen von Materie fort. Als der Planet abkühlte, entwich Wasser aus den Mineralien der Erdkruste, das an der Oberfläche kondensierte und die großen Ozeane bildete. Dieses Wasser war mit der Energie der Sonne getränkt. Und dieser Energie – vereint mit der Schwerkraft von Erde, Mond und Sonne – verdankt das Wasser seine dynamischen Eigenschaften. Wasser ist in unserer Vorstellung nahezu gleichbedeutend mit Bewegung: fließendes, steigendes, sinkendes, stürzendes, tobendes, laufendes, jagendes, sprudelndes, donnerndes Wasser.

Der Wasserkreislauf bindet das Wasser in die Biosphäre ein. Die Sonnenhitze initiiert und bewahrt diesen Kreislauf, aber die Schwerkraft hält ihn in Gang. Die Sonnenstrahlung wird von den Ozeanen absorbiert, und Wassermoleküle verdunsten in die Atmosphäre. Da warme Luft mehr Feuchtigkeit aufnehmen kann als kalte Luft, sind Regenfälle stark von der Temperatur abhängig. Wenn zum Beispiel eine warme, feuchte Luftmasse an einem Gebirgszug hochgeschoben wird, kühlt die Luft ab, und die Feuchtigkeit wird als Regen oder Schnee freigesetzt.

Dieser Niederschlag geht entweder direkt in einen Fluß oder in einen See, oder er wird von der Vegetation aufgefangen oder vom Boden absorbiert; einiges davon verdunstet in die Atmosphäre zurück, während ein anderer Teil vielleicht in der Erde versickert und Aquifere erreicht. Am Ende siegt jedoch die Schwerkraft, das Wasser sucht sich sein niedrigstes Niveau und kehrt ins Meer zurück, nur um den Kreislauf erneut zu beginnen.

Hydrologen sprechen von der Verweildauer des Wassers: Das ist die Zeitspanne, die vergeht, bis das Wasser in jedem Stadium des Kreislaufs vollständig ersetzt ist. Die Ozeane haben eine Verweildauer von 37000 Jahren. Die Verweildauer von Seen rangiert zwischen Monaten und Jahren, Flüsse erneuern ihr Wasser im allgemeinen innerhalb ein paar Wochen, während die Atmosphäre ihren Wassergehalt in ungefähr zehn Tagen ersetzt. Wir haben einen langen Weg zurückgelegt seit den Zeiten von Plato und Aristoteles, als man glaubte, unterirdische Korridore führten Wasser durch das Erdinnere, damit Gebirgsquellen vom Meer gespeist werden konnten.

Die Erde steht unter dem Einfluß von Himmelskörpern, so wie sie aus ihnen geboren ist. Die frühesten Völker wußten das, und in ihren Mythen und Legenden verliehen sie den Gegenständen, die außerhalb ihres Zugriffs lagen, große Macht. Die Neugier des Menschen ist ebenso groß wie sein Bedürfnis, Geschichten zu erzählen.

Daß der Mond Macht über das Wasser hatte, war seit langem bekannt. Bei den Tlingit im südöstlichen Alaska kämpfte der boshafte und listenreiche Rabe (der unsterbliche Betrüger, der mehr menschliche Eigenschaften verkörperte als vogelartige) gegen die Alte Frau (der Mond), die Herrin der Gezeiten war. Nach einer langen Schlacht, in der die Alte Frau erbarmungslos mit den Stacheln eines Seeigels gepeinigt wurde, blieb der Rabe schließlich Sieger und beanspruchte das Land, das bei Ebbe zutage trat, für sich, womit er den Geschöpfen der Gezeitenzone Heimat und Nahrung gab.

Erst als Sir Isaac Newton seine drei Bewegungsgesetze der Mechanik entwickelte, wurde die Gravitationswirkung des Mondes, verstärkt von der Sonne, allgemein akzeptiert.

Es mag uns heute nicht mehr bewußt sein, daß die beiden Hochwasser, die unsere Küsten jeden Tag erleben, auf einen so fernen, aber weithin sichtbaren Nachbarplaneten zurückgehen; doch die Tier- und Pflanzengemeinschaften der Gezeitenzone und die Küstenökosysteme verdanken ihre Entwicklung und ihr fortgesetztes Überleben gerade solchen berechenbaren Kräften.

Lange bevor das wissenschaftliche Zeitalter anbrach und Männer wie Kopernikus, Newton, Galileo und Kepler die sichtbaren Manifestationen der physikalischen Gesetze erforschten, stachen die ersten Entdecker in See, nur von dem Wissen geleitet, das sie von ihren Vorvätern hatten; aber dieses Wissen befähigte sie, die Welt zu umrunden.

Wir wissen nicht, wann die ersten Menschen sich aufs Wasser wagten oder was sie dazu gebracht hat, das sichere Land zu verlassen. Wir können nur annehmen, daß sie genauso neugierig waren, wie wir es heute sind. Vielleicht wollten sie wissen, wohin die Seevögel zogen oder woher die seltsamen Dinge kamen, die an ihren Stränden angeschwemmt wurden. Oder vielleicht wollten sie auch nur die Fische fangen, die sie jenseits der Brandung springen sahen.

Archäologische Untersuchungen lassen vermuten, daß der Mensch um 20 000 v. Chr. anfing, Fische zu fangen. Aber wann fand der erste zaghafte Versuch einer Reise zu Wasser statt? Wann entdeckten die Menschen, daß man Kanus aus schwimmenden Baumstämmen machen konnte oder Kajaks aus Knochen- und Holzgerippen, mit Tierhäuten bespannt? Oder daß man Schilfrohre zu einem Floß zusammenbinden konnte?

Die frühen Bewohner Australiens legten die Reise zu diesem fernen Kontinent vor über vierzigtausend Jahren zurück, und selbst wenn der Meeresspiegel damals viel niedriger war als heute, mußten sie über achtzig Kilometer offenes Wasser überqueren, um diese neue Landmasse zu erreichen. Sind sie hinübergeschwommen, oder haben sie Schiffe gebaut, um sich die Reise zu erleichtern?

Das Klima der Erde blieb noch lange kalt, nachdem die Vergletscherung um 18 000 v. Chr. ihren Höhepunkt erreicht hatte, aber gegen 13 000 v. Chr. war die Erwärmungstendenz bereits sehr deutlich, und das Wasser, das in den großen Eisdecken eingeschlossen war, wurde allmählich freigesetzt und ließ die Ozeane anschwellen und den Meeresspiegel steigen. Auf dem Höhepunkt der Eiszeit lag der Meeresspiegel 121 Meter unter dem heutigen Niveau. Zwischen 15 000 und 10 500 v. Chr. stiegen die Ozeane um zwanzig Meter an; nach weiteren tausend Jahren gab es einen dramatischen Anstieg der Meeresspiegel um vierundzwanzig Meter, und einen weiteren Zwanzig-Meter-Anstieg nach 8500 v. Chr. Die Umwelt veränderte sich von kalt und kontinental zu warm und maritim.

Es konnte nicht ausbleiben, daß einige Völker sich die flachen Kontinentalschelfe und Gezeitenmündungen zunutze machten, die durch das Ansteigen der Meeresspiegel entstanden. Das Ende einer großen Eiszeit ermöglichte es dem Homo sapiens, sich über die Erde zu verbreiten. Steigende Temperaturen bewirkten, daß das Land überflutet und Inseln und Kontinente getrennt wurden. Isolation kann bei anderen Spezies zu einer Häufung von genetischen Veränderungen führen, durch die sich neue Eigenschaften und manchmal auch neue Arten herausbilden. Beim Menschen führt Trennung und Isolation zu kultureller Identität. So trugen die Ozeane unwissentlich zu einer Explosion menschlicher Fähigkeiten bei. Aber die Ozeane konnten die Menschen nicht vollständig isolieren. Neugier und Entdeckerdrang wurden Überlebensfähigkeiten, die von den Küstenvölkern so effizient propagiert wurden wie jedes erfolgreiche Gen. So wie die Jäger das Verhalten ihrer Beute studieren, wurden die Seefahrer Ozeanographen, lange bevor die Ozeanographie als Wissenschaft existierte.

Besonders die Polynesier erwiesen sich als geschickte Seeleute. Sie erreichten Neukaledonien um 2550 v. Chr., Melanesien um 2000 v. Chr., Samoa um 1800 v. Chr., Vanuatu um 900 v. Chr., Tahiti um 600 n. Chr. und Neuseeland um 1000 n. Chr.

Andere Seefahrer machten ähnlich eindrucksvolle Reisen, auch wenn sich nicht alle verifizieren lassen. Die Phönizier, die von 1000–250 v. Chr. die beherrschende Seemacht in Europa waren, haben möglicherweise das Kap der Guten Hoffnung umrundet, um den Indischen Ozean zu erreichen; einige Historiker sind der Meinung, daß sie sogar den Atlantik überquert haben. Irische Chroniken berichten von einer Reise des heiligen Brendan in die Neue Welt, die dieser um 550 n. Chr. in einem einfachen Boot aus Tierhäuten zurückgelegt haben soll. Die Wikinger haben um die erste Jahrtausendwende ihren Fuß auf den nordamerikanischen Kontinent gesetzt. Um 1170 soll ein walisischer Prinz nach Florida gesegelt sein. Und um 1311 taucht in arabischen Geschichten ein muslimischer König namens Abubakari von Mali auf, der nach Südamerika gesegelt und dort den Inkas begegnet ist.

Haben diese Reisen tatsächlich stattgefunden? Manche ganz sicher, andere nicht. Wer kann sagen, wieviel Reisen begonnen wurden und nach einem schrecklichen Sturm in den Abgrund führten oder in einer unbarmherzigen Windstille endeten? Auf jede erfolgreiche Reise, die uns überliefert ist, kommen sicherlich zahllose andere, bei denen die See ihren Tribut forderte, die von Wind und Wellen zunichte gemacht wurden.

Es mag sein, daß die frühen Entdecker mehr Glück als navigatorische Fähigkeiten hatten, aber sie lernten schnell, die Sterne als Orientierungshilfe zu benützen, ihren Kurs nach dem Stand der Sonne zu halten, die Dünungen zu interpretieren, die Position von Wolken über Inseln zu beachten, das Verhalten von Vögeln und anderen Meerestieren zu studieren und den Meeresströmungen zu folgen.

Windgetriebene Strömungen beherrschen die Ozeane, durch die diese Migration der Menschheit überhaupt erst möglich wurde. Der Wind treibt eine Oberflächenschicht von ungefähr hundert Metern Tiefe vor sich her, während der Ozean seinerseits Wärme mit der Atmosphäre austauscht und auf diese Weise atmosphärische Zirkulationsmuster etabliert.

Eine Reihe von großen Gyren oder Strömungskreisen – rotierende Strömungen, die durch die Meere herumpirouettieren und wirbeln – umschließen die Ozeane in vorhersehbaren Zyklen. Diese Strömungen greifen ineinander wie die Zahnräder einer Maschine: Der Südäquatorialstrom trifft auf den Brasilstrom, der Kuroshio auf den Nordpazifischen Strom und dann auf den Kalifornischen Strom und der Golfstrom auf den Nordatlantischen und den Norwegischen Strom. Die Strömungen fließen ineinander und trennen sich, getrieben von den Winden, die die Ozeane selbst mit ins Leben gerufen haben.

Die Seefahrer haben manchen Orten andere Namen gegeben, je nachdem ob sie ihrer Reise günstig oder hinderlich waren. Das Schwarze Meer wurde von den Griechen trotz seiner trügerischen Natur ursprünglich „das Gastliche" getauft, weil man es für unklug hielt, eine Naturkraft mit einem abschätzigen Namen zu belegen. Erst die Türken nannten das finstere und unheilverkündende Meer das „Schwarze". Das Kap der Guten Hoffnung war ursprünglich das

Kap der Stürme, bevor der portugiesische König es umtaufte, weil der Name ihn abschreckte. Die Roßbreiten hießen vermutlich deshalb so, weil die Besatzung der Segelschiffe, die Pferde nach Amerika transportierten, bei Windstille ihre unglückliche Ladung schlachteten oder über Bord warfen. Der Pazifische Ozean schließlich wurde von Magellan während seiner Weltumseglung so getauft, weil er für ihn und seine Mannschaft wie eine Erlösung war nach den Stürmen, die sie im Atlantik erlebt hatten.

Unter den Strömungen, die Schiffe führen, liegen die Unterströmungen, die mikroskopisches Leben transportieren und alles, was damit zusammenhängt. Leben existiert selbst dort, wo kein Lichtstrahl hindringt und wo die Sonne keine Lebensenergie mehr spendet, wo aber die Schmelzhitze der Erde Schwefelwasserstoff ausspeit und den Lebenszyklus erhält. In den Ozeanen leben schätzungsweise zehn Millionen verschiedene Spezies, von denen allerdings nur 295 000 klassifiziert sind; neunzig Prozent der Biomasse der Erde sind im Meer beheimatet.

Die sogenannte neritische Zone umfaßt die ersten zweihundert Meter des Ozeans, vom Ufer bis hinaus zum Kontinentalschelf, mit der epipelagialen Zone, die die ersten zweihundert Meter offenes Meerwasser abdeckt. Hier, in jener Grenzscheide zwischen Wasser und Luft, leben Wale und Delphine, geformt von ersterem, aber genauso abhängig von letzterem wie jedes andere Säugetier. Zyanobakterien, Lebensformen, die zum ersten Mal vor 3,3 Milliarden Jahren auftraten, fast zur selben Zeit, als die ersten Ozeane abkühlten, reisen, wohin die Strömungen sie treiben, während sie die Sonnenenergie umwandeln und die Grundlage für das ozeanische Nahrungsnetz liefern. Das Phytoplankton ernährt andere Planktonarten, die wiederum die Fische ernähren, und diese ernähren andere Fische, die die Säugetiere und die Vögel ernähren. So schlingt sich das ozeanische Nahrungsnetz um seine Bewohner, die abwechselnd Räuber und Beute sind.

Unter der neritischen Zone liegt die bathyale Zone, die bis auf viertausend Meter hinunterreicht, und darunter liegt die abyssale Zone. Dann kommen die Tiefseegräben, die bis auf 8 000 Meter und mehr abfallen (der Marianen-Graben ist mit 11 022 Metern der tiefste Punkt der Erde). Der Gedanke, daß 92 Prozent des Ozeans, also ungefähr zwei Drittel des Globus, unter zweihundert Metern liegen, ist erschreckend. Obwohl das Licht bis auf 530 Meter schwach durchdringt, ist der größte Teil des Ozeans dunkel und kalt und unter extremem Druck. Da kein Licht auf den Meeresgrund dringt, sind die Organismen, die dort leben, auf den ständigen Regen von organischen Schwebstoffen angewiesen, die von oben kommen; sie plündern den Tod, um das Leben zu erhalten. Es ist eine Welt, fremder als alles, was wir jemals im Weltall zu entdecken hoffen. Wir haben zwar die obere, trockene Welt kartographiert und vermessen, aber wir haben noch kaum unsere Zehen in den Abgrund getaucht.

Das Wasser bietet einen nahezu perfekten Lebensraum. Seine hohe spezifische Wärme – die Fähigkeit, eine große Menge Hitze zu absorbieren oder zu verlieren, ohne daß sich seine eigene Temperatur wesentlich ändert – sichert den Wasserorganismen eine Umwelt, die weitaus milder ist als vergleichbare terrestrische Systeme. Selbst an den Polen kann Leben unter dem Eis gedeihen, bei Temperaturen von minus 45° Celsius Außentemperatur und darunter.

Dank seiner hohen Dichte gibt das Wasser den größten und den kleinsten Lebewesen Halt. Wasser ist auch eines der besten bekannten Lösungsmittel, denn es enthält 84 von den 103 Elementen der Erde, einschließlich Stickstoff, Phosphor, Silikon und Eisen. Wäre das Wasser kein so gutes Lösungsmittel, dann wären möglicherweise die Nährstoffe, die für das Leben unverzichtbar sind, für immer unerreichbar geblieben.

Die Ozeane sind aber nicht einheitlich. Weil Wasser dichter und viskoser als Luft ist, gehen das Vermischen und die Diffusion von Substanzen viel langsamer vonstatten. Die Folge ist, daß das Meerwasser stellenweise einen Mangel an Sauerstoff, Phosphor oder anderen wichtigen Elementen aufweisen kann, der die Verbreitung des Lebens einschränkt. In gewisser Weise kann man den tiefen, offenen Ozean als Wüste bezeichnen.

Der Ozean hat auch die Tendenz, Nährstoffe in seinen Sedimenten einzuschließen und sie so aus dem Kreislauf zu nehmen, bis unterseeische Stürme den Schlick aufwühlen oder Küstenauftriebe das nährstoffreiche Wasser an die Oberfläche zwingen. Gebiete, die solche Auftriebe erleben – die Westküsten von Nord- und Südamerika, Westafrika und das Arabische Meer –, sind ungeheuer produktiv. Sie machen nur 1 Prozent der Weltmeere aus, tragen aber mehr als die Hälfte zum Fischfang der Erde bei.

Die Ozeane sind der Anfang- und Endpunkt des Wasserkreislaufs, der die Erde umfaßt. Der Regen, Schnee, Eisregen oder Hagel, der auf dem Festland niedergeht, hat seinen Ursprung im allgemeinen im Meer, wie weit landeinwärts er sich auch immer manifestiert. Nur ungefähr 11 Prozent aller Niederschläge rühren von der Feuchtigkeit her, die von kontinentalen Luftmassen verdunstet wird, fast 90 Prozent stammen von Luftmassen, die ihre Feuchtigkeit über dem Meer aufgesammelt haben.

Wie sieht Wasser aus, wenn es aus den Grenzen eines Meeresbeckens freigesetzt wird? Nachdem die Wasserstoffbrücken zwischen den Molekülen von der Hitze zerstört sind, wird aus dem Wasser eine ziemlich flüchtige Substanz. Es bewegt sich unsichtbar durch die Luft, bis ein Absinken der Temperatur die Wassermoleküle wieder miteinander verbindet. Sobald die relative Luftfeuchtigkeit hundert Prozent überschreitet, wird das Wasser in Form einer Wolke sichtbar.

Wolken sind flüchtige, fließende Wassermanifestationen; temporäre Nebel zwischen Meer und Land. Wir sagen, wir haben den Kopf in den Wolken, wenn wir mit offenen Augen träumen. Wolken vereinen die Kraft des Ozeans und des Windes miteinander. Sie können vage, nahezu immateriell sein, oder hauchfeine Spuren in den oberen Schichten der Atmosphäre hinterlassen, dann wieder bringen sie die Zerstörungswut eines Zyklons und die Spitze eines Sturms mit sich. Die Namen, die man den Wolkenformationen gegeben hat, beschwören wunderbare Bilder herauf: *Cirrus* – eine „Haarlocke", *Cumulus* – „gehäuft", *Stratus* – „geschichtet" und *Nimbostratus* für die grauen, brütenden Wolken, die „ausgedehnten Regen" bringen.

Wolken senken sich über das Land, schmiegen sich an Berghänge und verschmelzen mit allem, was sie berühren, gewähren uns erst wieder einen Blick, wenn sanfte Windzüge sie weiterschicken. Inmitten der großen Meere, die sie ins Leben gerufen haben, werden sie zu den Inseln gezogen und verhüllen dort die Gipfel der Vulkane. Wolken steigen herunter, um den Baumwipfeln zu begegnen und hinterlassen tropfende Nässe im Gefolge von Nebel und Dunst. In den Regenwäldern des Äquators wird die vom Ozean mitgebrachte Feuchtigkeit durch Wasser ergänzt, das aus dem grünen Geflecht der Vegetation verdampft. Regenwälder machen Regen, und die Wolken und Blätter tauschen ihr Wasser untereinander aus.

Bevor der Regen fallen kann, müssen die Wassermoleküle sich zuerst um kleine atmosphärische Partikelchen kondensieren, um die sogenannten Kondensationskerne. Diese winzigen Partikelchen können natürlicher Herkunft sein, wie zum Beispiel Vulkanstaub, oder sie können künstlich sein, wie zum Beispiel industrielle Verbrennungsprodukte. Das Wasser kondensiert um diese Kerne herum und bildet ein Wolkentröpfchen. Eine Million solcher Wolkentröpfchen ergeben einen durchschnittlichen Regentropfen. Wenn die Tröpfchen größer werden, bekommen sie schließlich genug Masse, um auf den Boden zu fallen. In den Tropen bleiben die Wolkentröpfchen während dieses Vorgangs flüssig. In den meisten anderen Gebieten dagegen müssen sie sich erst in Eis verwandeln, bevor es regnen kann.

Die Theorie, daß Regentropfen tatsächlich von Eiskristallen stammen, hat der deutsche Meteorologe und Geophysiker Alfred Lothar Wegener entwickelt. Er fand heraus, daß Wolken in den höheren Schichten der Atmosphäre kalt genug sind, um Eis zu bilden, und daß die Kristalle, wenn sie größer werden, schließlich fallen, daß sie sich beim Fallen erwärmen, schmelzen und Regentropfen bilden. Wegener war ein außergewöhnlicher und scharfsinniger Wissenschaftler; er entwickelte auch die Theorie von der Kontinentalverschiebung, lange bevor die Plattentektonik bei den Geologen anerkannt war.

Wo die Eiskristalle auf ihrem Abstieg nicht schmelzen, fallen Schneeflocken als zarte Winterboten vom Himmel. Sie schweben in einer nahezu endlosen Vielfalt von Formen zu Boden: Platten, Sterne, Säulen, Nadeln, räumliche Dendriten, Säulen mit abgerundeten Enden und unregelmäßige Kristalle. Einzeln betrachtet sind Schneeflocken Anhäufungen solcher winzigen kristallinen Formen; in ihrer Gesamtheit sind sie die schroffen Begleiter eisiger Temperaturen und einer niedrigen, kraftlosen Sonne.

Fast ein Viertel der Landoberfläche der Erde kann im Lauf des Jahres von Schnee zugedeckt werden. Er fällt in weichen, lautlosen Schichten, die die Wälder weiß machen, er hängt auf den Ästen der Bäume, drückt andere tief herunter. Er legt sich über Grasland und Tundra, läßt die Landschaft verstummen und begräbt Täler unter einer glänzenden, blendenden Decke. Wenn sie mit der Wucht eines Sturms daherkommen, wird aus den zarten Schneeflocken etwas weitaus Gefährlicheres – eine trügerische Pracht, die den Leichtfertigen in ihre eisigen Arme schließt. Vom kalten Herzen eines Blizzards mitgeführt, verwandeln sich die windgepeitschten Eiskristalle in tödliche Waffen. Stellen Sie sich einen auf die Spitze getriebenen Blizzard vor, und Sie haben ein Whiteout. Ein Whiteout, das ist wie das Ende der Welt, die völlige Auslöschung.

Bei aller Gefahr birgt der Winter Stille und Einsamkeit. Donnernde Wasserfälle erstarren im Sturz und bleiben in Eisdecken eingeschlossen; jeder Hauch von Bewegung wird von den eisigen Temperaturen zum Stillstand gebracht. Seen liegen unter dickem Eis verborgen, wo das Leben langsamer wird, aber nicht ganz aufhört. Flüsse halten dem Würgegriff des Eises länger stand, aber auch sie können schließlich der Verwandlung vom Flüssigen zum Festen anheimfallen.

Manche Lebewesen retten sich in den Winterschlaf, um den harten Bedingungen zu entgehen, andere kehren dem Schnee ganz den Rücken und wandern nach Süden ab. Für diejenigen, die aktiv bleiben, ist der Winter ein täglicher Kampf ums Überleben. Tiefer Winterschnee kann eine Herde Karibus erfolgreicher dezimieren als jeder Jäger. Für die Jungen, die Alten, die Schwachen und die Kranken bedeutet der Winter oft das Ende. Aus unserer engen Sicht mögen manche Jahre extrem erscheinen, aber über größere Zeiträume betrachtet gibt es einen Kreislauf, der den Räuber und seine Beute vereint, das Weidetier und sein Futter, den Fischer und seinen Fang. Leben und Tod werden von der Natur emotionslos ausgeteilt.

An manchen Orten weicht der Winter nicht. Er hält sich in Gletschern oder in den Eiskappen der Gipfel oder in den Schatten entlang der Talwände. Das Land verdankt ihm viel, diesem Mantel aus Eis, der über die Jahrtausende kam und ging. Fest gewordenes Wasser läßt die mächtigsten, gewaltigsten Flüsse der Erde entstehen. Diese Eisflüsse furchen das Land, besiegen selbst die härtesten Felsen. Ein Schweizer Geologe des 19. Jahrhunderts, Louis Agassiz, nannte die Gletscher „Gottes große Pflüge". In der Vergangenheit haben sie unsere Gebirge und Täler geformt, den Lauf der Flüsse und die Seenbecken.

Heute bedecken die Gletscher etwas mehr als zehn Prozent der gesamten Landoberfläche der Erde, und sie halten 75 Prozent der Süßwasservorräte der Erde gefangen. Gletscher haben ihren Ursprung in Schneeresten, die den Winter überdauern. Dieser „Firn" häuft sich in Gebirgsmulden an und verwandelt sich unter dem Gewicht zusätzlicher Schneefälle allmählich in Gletschereis. Das Eis zermalmt die umliegenden Felsen und höhlt die Mulde allmählich zu einem tiefen Kar aus, bis der entstehende Gletscher aus seinen Begrenzungen ausbricht und sich talwärts schiebt.

Gletscher mögen statisch erscheinen, aber sie bewegen sich alle, selbst die, die auf dem Rückzug sind. Der mittlere Abschnitt eines Gletschers bewegt sich im allgemeinen am schnellsten; der untere Abschnitt und die Seiten werden durch Reibung gebremst. Die meisten Gletscher bewegen sich mit einer Geschwindigkeit von einem Meter pro Tag; ein zurückweichender Gletscher schmilzt einfach in einem schnelleren Tempo, als er sich vorwärtsbewegt.

Gletscher sind riesige Förderbänder, die aus dem Muttergestein herausgerissenes Material mit sich führen. Diese Gesteinstrümmer werden an den Seiten- und Mittelmoränen aufgehäuft, die sich durch die Eisfläche ziehen. Manche der Felsbrocken, die mit den Gletschern reisen, wiegen Tausende von Tonnen und können über einen Kilometer lang sein; wenn sie weit von ihrem Ursprungsgebiet abgesetzt werden, nennt man sie „Findlinge". Spalten und Risse strukturieren den Gletscher, und im Sommer sammelt sich das Schmelzwasser an der Oberfläche in atemberaubend blauen Seen. Dieses intensive Azur spiegelt sich in den dichtesten Teilen des Gletschers, wo das Eis alles außer dem blauen Teil des Lichtspektrums absorbiert.

Gletscher und Eisdecken transportieren Material. Einerseits zerstören sie Land, andererseits schaffen sie es. Das Eis hat seine Spuren in Form von Riefen und Furchen im Granit und in riesigen U-förmigen Tälern hinterlassen. Taleinschnitte, die einst einen Nebengletscher beherbergt haben, sind jetzt erfüllt von schäumenden Wasserfällen, die über die vom Eis gebildeten Klippen stürzen. Küstenfjorde lassen das Meer dort eindringen, wo einst ein Gletscher stand, und schneiden Wasserfinger in das Land hinein. Anderswo haben zurückweichende Gletscher Gletschertopfseen, Geschiebe- und Schotterhügel als sichtbare Zeichen längst geschmolzenen Eises hinterlassen.

Das Eis hat das Land auch dort geformt, wo es unsichtbar ist. In Alaska sind achtzig Prozent des Festlands mit ständig gefrorenem Boden unterlegt – dem Permafrost –, in Kanada sind es fünfzig Prozent. In der Arktis tritt der Permafrost in geometrisch gemusterten Böden zutage, den Polygonböden, und in den sogenannten Pingos, Erdhügeln mit einer Eislinse im Inneren, die mitten aus verlandeten Seenbecken aufragen. Hier diktiert das Eis die Lebensbedingungen. Gefrorener Boden, der knapp einen Meter unter die Oberfläche reicht, setzt den Wurzeln der Pflanzen und der Nahrungssuche der Tiere enge Grenzen. Das Abfließen des Wassers wird vom Permafrost behindert, und flaches, ebenes Land wird schnell zum Feuchtgebiet, wenn der Frühling und die kurze Sommerblüte einsetzen.

Sobald Eis oder Schnee wieder flüssig werden, treten sie die Reise zurück ins Meer an. Flüsse gibt es in allen Formen und Größen. Sie sind gerade, gewunden, verschlungen. Der Wasserlauf schneidet in den Boden, wo er ein V-förmiges Tal aushöhlt, das den Fluß nicht nur zwischen seinen Ufern hält, sondern ihn auch mit Nahrung aus dem Abfluß des umgebenden Einzugsgebiets versorgt. Jenseits des eigentlichen Flusses kann eine ausgedehntere Schwemmebene liegen, ein Hinweis darauf, daß eine größere Kraft am Werk ist: regelmäßiges Überfluten, das weit über die Uferdämme hinauswäscht. Große Überschwemmungen lassen Sedimente zurück, die vom Fluß mitgeführt werden; die bäuerlichen Kulturen in der ganzen Welt haben lange Zeit von diesen regelmäßigen Gaben des Wassers profitiert. Am Amazonas können die Hochwasser den umliegenden Regenwald bis auf fünfzig Kilometer zu beiden Seiten des Flusses überfluten, so daß die Grenze zwischen Land und Fluß verschwimmt. Hier haben sich Fische herausgebildet, die auf dem Waldboden weiden, und zahlreiche Pflanzen sind auf den regelmäßigen Zustrom von Nährstoffen angewiesen, die die Hochwasser mit sich führen.

Flüsse sind nicht einfach nur Kanäle, die das Wasser von seiner Quelle bis in den Ozean leiten, sie sind integrale Bestandteile des Ökosystems. Sie können unter der Erde verschwinden, wo sie unterirdische Höhlen- und Tunnelwelten formen, wo sie Felsen zersetzen und unwegsame Labyrinthe schaffen. In trockenen Regionen kann der Fluß verdunsten oder im Boden versickern und sich mit unterirdischen Wasseradern vereinigen. Anderswo treten Flüsse plötzlich wieder zutage, wenn der Grundwasserspiegel sich mit der Oberfläche überschneidet.

Wasserfälle sind die spektakulärsten Manifestationen der Flüsse. Als David Livingstone einen großen Wasserfall im Sambesi entdeckte, taufte er das 1 676 m breite und 110 m hohe Naturwunder nach seiner Königin, „Victoria". Der afrikanische Name der Victoria Falls ist anschaulicher: *Mosi oa Tunya* – der Rauch, der donnert.

Wasserfälle sind temporäre Kraftdemonstrationen der Flüsse. Das herabstürzende Wasser bildet ein Becken unter den Fällen, unterhöhlt den Felsen und bewegt den Wasserfall langsam flußaufwärts, während es hinter sich eine Schlucht zurückläßt. Die Niagarafälle weichen gegenwärtig in einem Tempo von weniger als einem Meter pro Jahr zurück; sie werden den 32 Kilometer entfernten Erie-See in ungefähr 50 000 Jahren erreichen.

Vor zweitausendfünfhundert Jahren schrieb Heraklit: „Niemand kann zweimal denselben Fluß betreten, denn jedesmal fließt frisches Wasser über ihn." Weltweit transportieren die Flüsse 39 000 Kubikkilometer Wasser pro Jahr (das sind 127 Milliarden Liter pro Tag); trotzdem enthalten die Flüsse zu keiner Zeit mehr als 0,025 Prozent des flüssigen Süßwassers der Erde. Wasser ist nicht das einzige, was Flüsse bewegen. Durch die Erosionskraft – die Lösungsaktivität des Wassers und die Abschürfung – bewegen die Flußwasser das Land. Der 6 020 km lange Mississippi transportiert eine jährliche Ladung von dreihundertfünfzig bis fünfhundert Millionen Tonnen. Der Hwangho, der gelbe Fluß Chinas, bewegt mehr als 1,6 Milliarden Tonnen pro Jahr und der Ganges-Brahmaputra fast 3 Milliarden Tonnen. Und was Flüsse erodieren, müssen sie auch absetzen, das heißt, sie machen Schwemmebenen fruchtbar, schaffen riesige Deltas, Sümpfe und Feuchtgebiete und speisen Seen.

Wie die Wasserfälle sind auch Seen vorübergehende Merkmale der Landschaft. Seen wie zum Beispiel das Kaspische Meer und der Baikalsee in Sibirien existieren in Becken, die aus den Bewegungen der Erdkruste entstanden sind. Andere Seen findet man in den Kratern erloschener Vulkane, wie zum Beispiel der phantastische Crater Lake in Oregon, oder aufgestaut hinter Lavaströmen, wie der Yellowstone Lake. Gletscherseen findet man von Englands Lake District bis zu den Great Lakes in Nordamerika. Altwasserseen sind die abgelegten Mäander wandernder Flüsse.

Die meisten Seen erhalten ihr Wasser von einem Fluß und verlieren es an einen Fluß. Wenn kein solcher Zufluß oder Abfluß existiert, kann der See sein Wasser durch Verdunstung verlieren oder durch Grundwasser gewinnen. Manche Seen sind selbst regelrechte Meere. Nur vierzig der Seen der Erde bergen vier Fünftel allen Süßwassers, das in Seenbecken enthalten ist, dazu gehören der Baikalsee, der Tanganyika-See im afrikanischen Great Rift Valley, die Großen Seen in Nordamerika und der Viktoriasee im östlichen Zentralafrika.

Nachdem es zeitweilig im schützenden Becken eines Sees geruht hat, setzt das Wasser seinen Weg fort, um am Ende unweigerlich ins Meer zu fließen. Feuchtgebiete und Wüsten können seinen Lauf unterbrechen, wobei die Tiere und Pflanzen des ersteren gut an einen Überfluß an Wasser angepaßt sind, die des letzteren an seinen nahezu völligen Mangel.

Mangroven bilden Luftwurzeln aus, die aufwärts statt abwärts wachsen, um nicht im Wasser zu ersticken. Sümpfe sind mit Wasserpflanzen bevölkert, die eine vollständige Überflutung überleben können, während die Pflanzen in Moorgebieten den Mangel an lebenswichtigen Elementen dadurch ausgleichen, daß sie Fleischfresser werden. In der Wüste trinken Käfer das Wasser, das in der Dämmerung auf ihren Körpern kondensiert, Känguruhratten überleben trotz völligem Trinkwassermangel, allein auf Stoffwechselflüssigkeit angewiesen und indem sie sich in Erdlöchern aufhalten, wo die Feuchtigkeit hoch ist. In der heißen Namibischen Wüste leben Kiemenflußkrebse ihr kurzes Leben in Wassermulden, die von seltenen Regen überflutet werden: Die Eier, die sie legen, können ein ganzes Jahr oder ein ganzes Jahrhundert überdauern. Ganz gleich, wieviel Wasser verfügbar ist, das Leben findet immer eine Möglichkeit, sich durchzusetzen und zu gedeihen.

Wenn die Flüsse schließlich das Meer erreichen, bilden sie Deltas und Mündungstrichter; Randhabitate, in denen sich die Einheit der Wasser manifestiert. In solchen Gebieten explodiert die biologische Produktivität. Neunzig Prozent der Fische, die weltweit gefangen werden, sind zumindest für ein Drittel ihres Lebenszyklus auf Küstenlebensräume angewiesen; Mangroven, Sümpfe, Deltas, Mündungstrichter, Korallenriffe – alle sind lebenswichtig für ein gesundes marines Ökosystem.

Heute leben 2,7 Milliarden Menschen nicht weiter als hundert Kilometer von der Küste entfernt. Die meisten Großstädte der Erde liegen an Wasserwegen oder in Sichtweite des Ozeans. Alte Kulturen sind an Flußufern entstanden: die der Sumerer zwischen Euphrat und Tigris im Irak; die Harappa-Kultur am Indus in Pakistan, das alte China am Hwangho und Jangtsekiang und Ägypten am Nil. Unsere moderne Zivilisation ist nicht weniger abhängig von den Kräften von Welle und Wasser, und sie ist ihnen manchmal genauso schutzlos ausgeliefert. Ein Fünftel der Weltbevölkerung ist auf Fisch als einzige Proteinquelle angewiesen, aber viele Gewässer der Erde sind bereits überfischt. Die Küstensysteme, die so lebenswichtig für die Ozeanfischerei sind, gehören zu den am meisten bedrohten Lebensräumen.

Ein großer Teil unseres Wasserbedarfs – für landwirtschaftliche und industrielle Zwecke, für private Haushalte und Kommunen – geht zu Lasten der Flüsse und Seen. Flüsse werden umgeleitet, ihr Flußbett wird abgesperrt, um künstliche Reservoire zu schaffen, oder ausgebaggert, um die Schiffahrt zu erleichtern. Seen werden durch den Oberflächenabfluß von Feldern und Weideland überdüngt, von industriellen Abfallprodukten übersäuert, von Atomkraftwerken überhitzt, und ihr Wasser wird von Kommunen und landwirtschaftlichen Betrieben abgezweigt.

In dem Maß, wie die Wälder ausradiert und durch Siedlungen und Weiden ersetzt wurden, hat sich die Art der Oberflächenabflüsse geändert. Da weniger Vegetation vorhanden ist, die die Regenfälle und die Schneeschmelze auffangen könnte, kommt mehr in die Bäche und Flüsse. Überweiden zerstört die Vegetation, und mit dem Verlust der Vegetation wird das Land allmählich immer trockener. Im Extremfall wird es zur Wüste. Man kann versuchen, das Unvermeidliche durch Bewässerung abzuwenden oder indem man unterirdische Wasseradern anzapft, die von vergangenen Regenfällen genährt wurden. Aber eine Wüste ist eine Wüste.

Die Menschheit steht jedoch vor einem noch größeren Problem. Kohlendioxid, Wasserdampf und bestimmte andere Gase, die in die Atmosphäre gelangen, fangen die Hitze ab, die von der Erde ausgestrahlt wird, und wärmen sie auf. Ohne diese natürliche globale Erwärmung wäre die Erde viel kälter, als sie heute ist. Durch das Verheizen von fossilen Brennstoffen erhöht sich jedoch der natürliche Grad an Treibhausgasen, und es häufen sich die Hinweise, daß die Temperatur der Erde ansteigt.

Nach den Schätzungen des „Intergovernmental Panel on Climate Change", einem Komitee von mehr als 2 500 Wissenschaftlern aus aller Welt, wird die globale Mittelwärme durch den Treibhauseffekt im nächsten Jahrhundert um 1° bis 3,5° Celsius ansteigen. Diese Entwicklung könnte von einem Ansteigen des Meeresspiegels um 20 Zentimeter bis 1 Meter begleitet sein. Die Menschheit hat in der Vergangenheit weit größere Schwankungen überlebt, aber wir haben heute eine Weltbevölkerung, die auf 6 Milliarden zusteuert, und ein großer Teil davon lebt in den sensibelsten Regionen.

Die Ozeane, die wie große Wärmereservoire wirken, mildern extreme Temperaturschwankungen. Sie dienen auch als Kohlendioxid-Deponie, denn sie nehmen gut die Hälfte des durch Verbrennungsprozesse entstandenen Kohlendioxids aus dem atmosphärischen Kreislauf auf und verringern so die Gefahr einer einschneidenden Klimaveränderung. Einige Wissenschaftler glauben jedoch, daß die Ozeane gelegentlich ihre Kohlendioxidladung abstoßen und in die Atmosphäre freisetzen – mit katastrophalen Folgen. Das permische Massensterben vor 245 Millionen Jahren, bei dem 90 Prozent aller Meeresarten, die Hälfte aller marinen Familien, 75 Prozent aller Amphibien und Reptilien ausgelöscht wurden, wird auf eine solche Freisetzung von Kohlendioxid zurückgeführt. Die Ozeane können also Rettung und Bedrohung zugleich sein im Kampf gegen die Zerstörung unseres Planeten.

Da die Weltbevölkerung weiter zunimmt, werden unsere Küsten, Flüsse, Seen, Aquifere und Ozeane nahezu unerträglichen Belastungen ausgesetzt sein. Sie bekommen, was wir wegwerfen, und trotzdem erwarten wir, daß sie kristallklar weiterfließen, daß sie uns mit Nahrung versorgen, unsere Ernten gelingen lassen und unser Land mit Regen reinwaschen.

Was bedeutet Wasser für die menschliche Psyche? Es ist flüssige Vorstellungskraft. Manchmal jedoch sind wir in Versuchung, nur die Oberfläche des Wassers zu betrachten. Wir können vergessen, daß vieles darunterliegt, unserem Blick entzogen oder nur unvollständig abgebaut. An der Art, wie wir mit Wasser umgehen, können wir unsere Erfolge und Mißerfolge erkennen. Ein Fluß, der sich wieder mit Lachsen füllt, ist ein Erfolg; immer weiter sinkende Wasserspiegel und vordringende Wüsten sind Mißerfolge.

Wir mögen heute einer neuen Entdecker-Ära entgegengehen, wobei die Namen unserer Raumschiffe an die Expeditionsschiffe früherer Zeiten erinnern: Columbia, Challenger, Discovery, Atlantis und Endeavour; doch es gibt zwei Dinge, ohne die wir niemals existieren können: die Hitze von einem fernen Stern – und Wasser.

Wasser ist die am reichlichsten vorhandene Substanz auf der Erdoberfläche; es ist auch die kostbarste. Oder einfacher gesagt: Der ganze Reichtum der Welt ist nichts, verglichen mit einer Oase in der Wüste.

Zwischen Himmel und Erde ist Wasser.

NICHTS AUF DER WELT IST NACHGIEBIGER UND SCHWÄCHER ALS WASSER.

DOCH GIBT ES NICHTS BESSERES, UM DAS FESTE UND STARKE ANZUGREIFEN.

IN DER TAT, ES GIBT NICHTS, DAS SEINEN PLATZ EINNEHMEN KÖNNTE.

DAS SCHWACHE KANN DAS STARKE BESIEGEN.

DAS ZARTE KANN DAS STARRE BEZWINGEN.

ES GIBT NIEMANDEN IN DER WELT, DER DAS NICHT WEISS.

DOCH NIEMAND ÜBT ES AUS ...

Laotse

HERBST-SPIEGELUNGEN *Nordwest-Pazifikküste, USA*

GRAS MIT TAU *Unalaska Island, Alaska, USA*

GAUKLERBLUMEN *Mt. Rainier National Park, Washington, USA*

WIRBELNDE AHORNBLÄTTER *Snoqualmie River, Washington, USA*

LANDSCHAFT *Honshu, Japan*

WASSER, DAS FLIESST,

IST VOLL GUTER EIGENSCHAFTEN;

KOMMT ES ZUM STILLSTAND,

VERLIERT ES SIE.

Ibn Kalakis

 STROMSCHNELLEN *Sol Duc River, Olympic National Park, Washington, USA*

GEBIRGSFLUSS
Grandfather Mountain, North Carolina, USA

GEBIRGSFLUSS
Mt. Assiniboine, Alberta, Kanada

WASSERFALL *Schweiz*

WASSERFALL IM BWINDI-REGENWALD *Uganda*

GOTTES WASSER FLIESST AUF GOTTES ERDE.

Russisches Sprichwort

WASSERFALL *Unalaska Island, Alaska, USA*

STROMSCHNELLEN UND BAUM
Yosemite National Park, Kalifornien, USA

WASSERFALL
Icy Bay, Alaska, USA

WASSERFALL *Yosemite National Park, Kalifornien, USA*

WASSERFALL *Unalaska Island, Alaska, USA*

DES MENSCHEN SEELE GLEICHT DEM WASSER:

VOM HIMMEL KOMMT ES,

ZUM HIMMEL STEIGT ES.

UND WIEDER NIEDER

ZUR ERDE MUSS ES.

EWIG WECHSELND.

SEELE DES MENSCHEN,

WIE GLEICHST DU DEM WASSER!

SCHICKSAL DES MENSCHEN,

WIE GLEICHST DU DEM WIND!

Johann Wolfgang von Goethe
„Gesang der Geister über den Wassern"

WASSERFALL *Niobrara River Valley, Nebraska, USA*

WASSERFALL *Niobrara River Valley, Nebraska, USA*

STROMSCHNELLEN *Sol Duc River, Olympic National Park, Washington, USA*

GIANT STEPS *Paradise Valley, Banff National Park, Alberta, Kanada*

DAS WASSER IST DAS SCHIFF DER SEELE

UND WIE SIE EIN FLUIDUM.

Al-Djizanatu Al Adab

YANOMAMI-JÄGER *Tapirapeco National Park, Venezuela*

STROMSCHNELLEN *Queets River, Olympic National Park, Washington, USA*

BRAUNBÄREN *Katmai National Park, Alaska, USA*

STROMSCHNELLEN
Escalante River, Utah, USA

SPIEGELUNGEN *Escalante River, Utah, USA*

STROMSCHNELLEN *Escalante River, Utah, USA*

STROMSCHNELLEN *Sol Duc River, Olympic National Park, Washington, USA*

WASSERLANDSCHAFT *Pacific Coast, Oregon, USA*

WOLLGRAS IM BERGSEE *Rocky Mountains, Alberta, Kanada*

SILBERREIHER *Ding Darling, National Wildlife Refuge, Florida, USA*

BURCHELL-ZEBRAS AM WASSERLOCH *Etosha National Park, Namibia*

WOLKENSPIEGELUNG *Everglades National Park, Florida, USA*

ALLES IST AUS DEM WASSER ENTSPRUNGEN!

ALLES WIRD DURCH DAS WASSER ERHALTEN!

Johann Wolfgang von Goethe
„Faust", II

YANOMAMI-JUNGE IM FLUSS *Tapirapeco National Park, Venezuela*

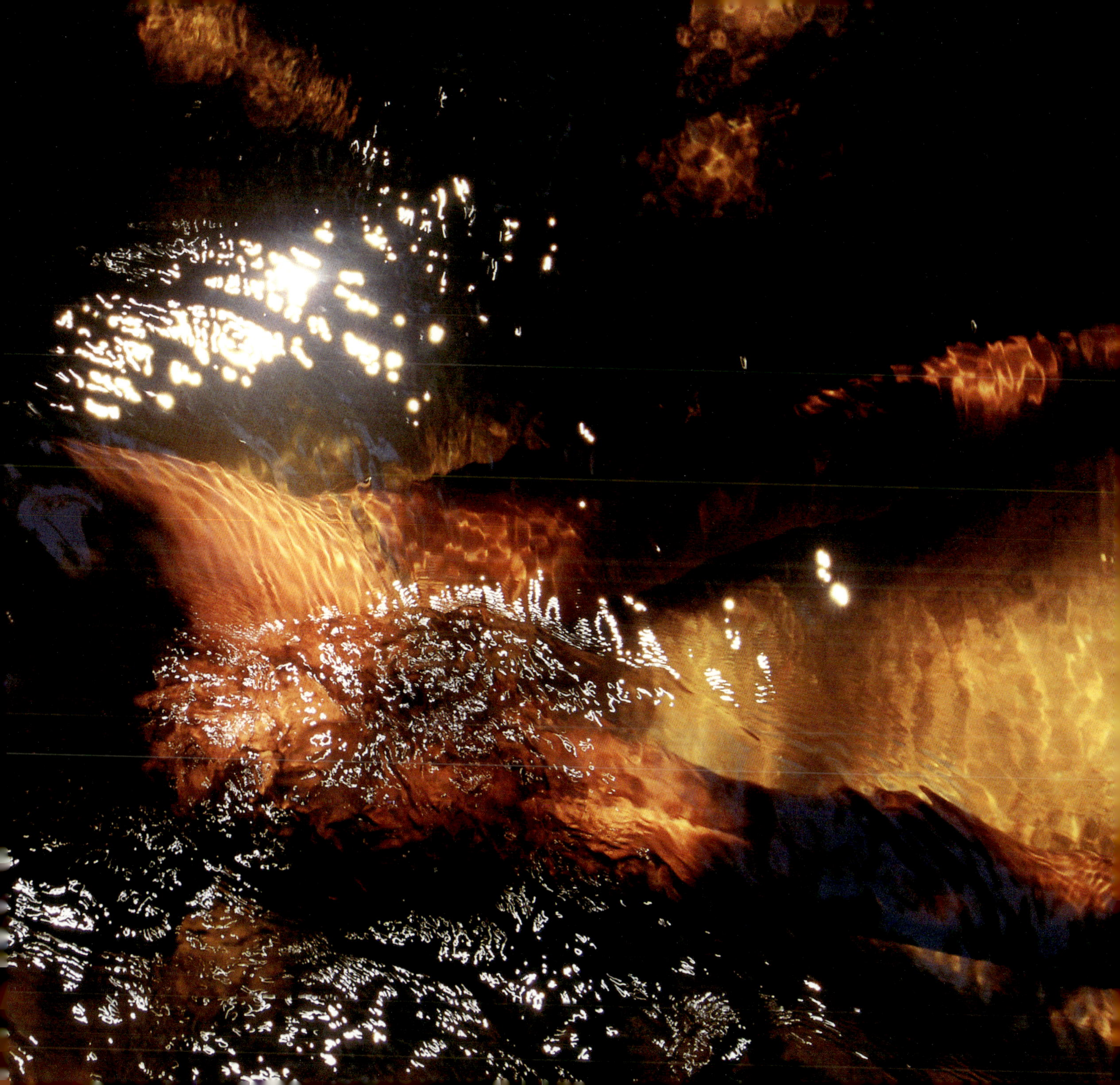

SAN-BUSCHMANN BEIM WASSERSAMMELN IM BAUM *Kalahari-Wüste, Botswana*

SALZGEWINNUNG *Highlands, Balem Valley, Irian Jaya*

GLENDALE WASSERMÜHLE *Isle of Skye, Schottland*

REISTERRASSENLANDSCHAFT *Bali*

HERBSTBLÄTTER *North Carolina, USA*

HERBST-SPIEGELUNGEN *Sol Duc River, Olympic National Park, Washington, USA*

DIE WEISEN ERFREUEN SICH AM WASSER.

Konfuzius

HERBST-SPIEGELUNGEN *Wynoochee River, Olympic National Park, Washington, USA*

BRILLENKAIMAN *Napo-River-Region, Peru*

HERBST-SPIEGELUNGEN *Wynoochee River, Olympic National Park, Washington, USA*

WASSER, ... ES IST NICHT SO, DASS MAN DICH ZUM LEBEN BRAUCHT: DU SELBER BIST LEBEN ... DURCH DICH KEHREN UNS ALLE KRÄFTE ZURÜCK, DIE WIR SCHON VERLOREN GABEN. DANK DEINER SEGNUNG FLIESSEN IN UNS WIEDER ALLE BEREITS VERSIEGTEN QUELLEN DER SEELE.

Antoine de Saint-Exupéry
„Wind, Sand und Sterne"

LAICHENDER ROTLACHS *Hansen Creek, Wood River Lakes Region, Alaska, USA*

WILDENTEN *Rifle Wildlife Refuge, British Columbia, Kanada*

HAMAR-HIRTEN AN DER TRÄNKE *Turmi, Äthiopien*

SONNENAUFGANG *Lake Yellowstone, Yellowstone National Park, Wyoming, USA*

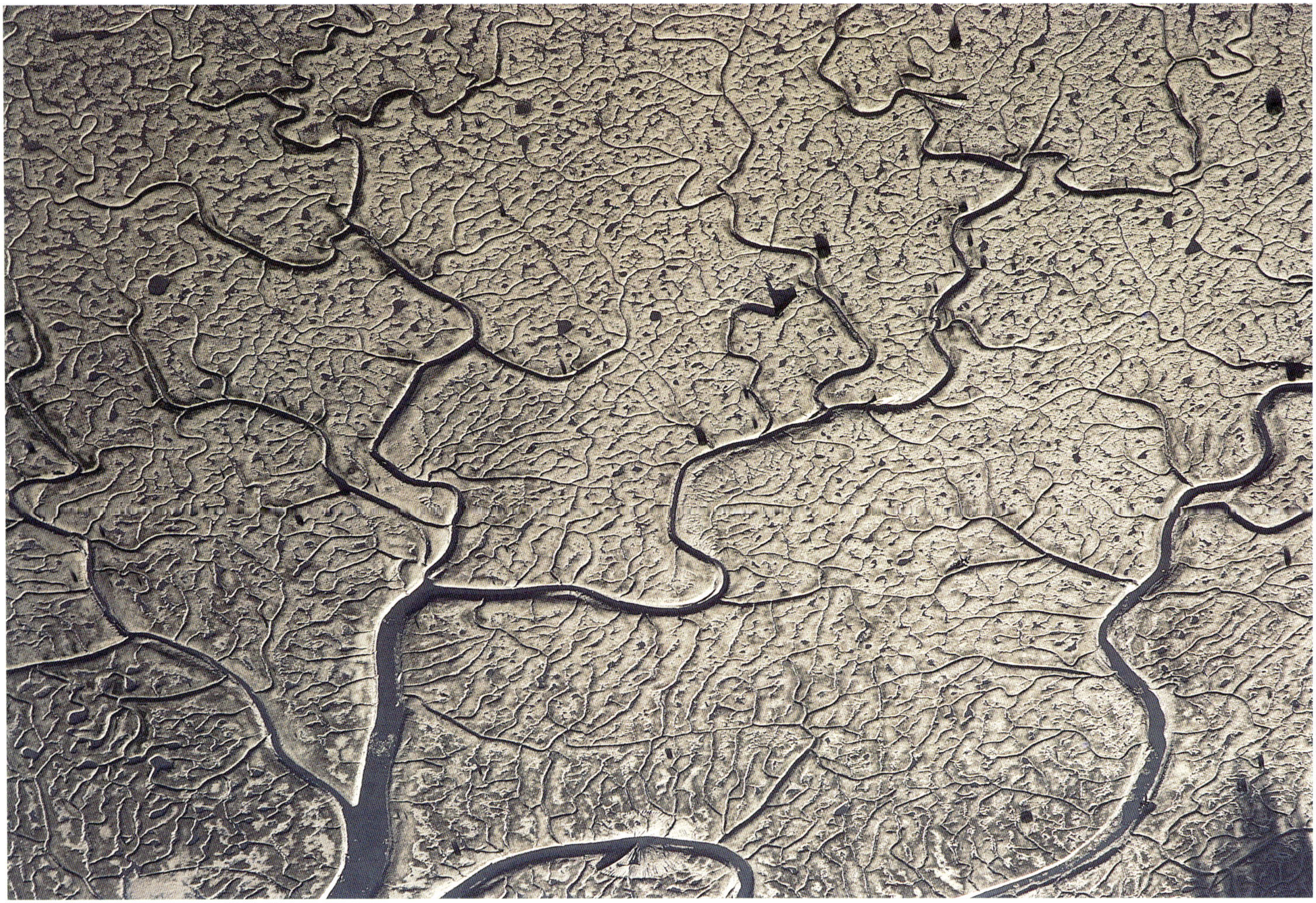

TIDENLAND *Skagit River, Washington, USA*

HAMAR-HIRTE *Turmi, Äbiopien*

JEDER SEE IST EIN AUGE DER ERDE.

Henry D. Thoreau
„Walden"

Marvel Lake, Mount Assiniboine Provincial Park, Alberta, Kanada

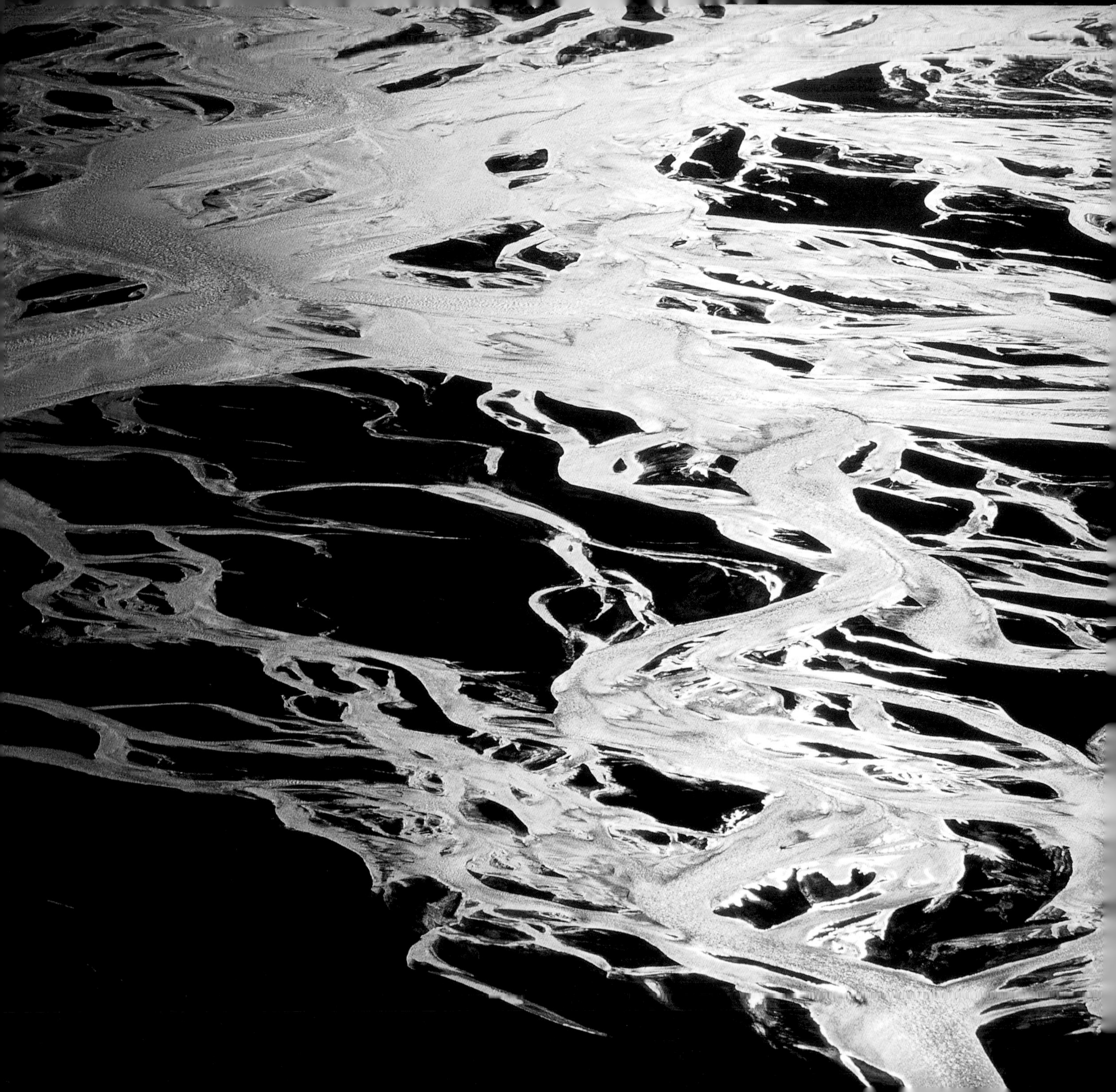

DIE FLÜSSE SIND DIE ADERN DER ERDE.

Phillip Deere

WASSERGEFLECHT *Chitina River, Wrangell St. Elias National Preserve, Alaska, USA*

TIDENLAND *Skagit River, Washington, USA*

TUNDRA-SEEN *Arctic National Wildlife Refuge, Alaska, USA*

DAS WASSER IST NIEMALS EINSAM.

Elias Canetti

MEERESSTRAND *Olympic National Park, Washington, USA*

WIR SIND ALLE WASSER

AUS VERSCHIEDENEN FLÜSSEN.

DAS MACHT ES SO LEICHT,

SICH ZU TREFFEN.

WIR SIND ALLE WASSER

AUS DIESEM WEITEN OZEAN.

EINES TAGES WERDEN WIR

GEMEINSAM ZU DAMPF.

Yoko Ono

GEZEITEN *Arctic National Wildlife Refuge, Alaska, USA*

ZURÜCKWEICHENDE FLUT *Olympic Peninsula, Washington, USA*

KALIFORNISCHE SEELÖWEN *Kalifornien, USA*

SPIEGELUNGEN *Sol Duc River, Olympic National Park, Washington, USA*

DAS FLIESSEN DES WASSERS

UND DIE WEGE DER LIEBE HABEN SICH

SEIT DEN ZEITEN DER GÖTTER

NICHT GEÄNDERT.

Japanisches Sprichwort

SPIEGELUNGEN *Sol Duc River, Olympic National Park, Washington, USA*

PAZIFIKWELLEN *Maui, Hawaii, USA*

BRANDUNG *Ruby Beach, Olympic National Park, Washington, USA*

WALROSS *Cape Pierce, Alaska, USA*

AN DEN BASHEE-INSELN VORBEI LIEFEN WIR ENDLICH IN DIE GROSSE SÜDSEE HINAUS. UNTER ANDEREN UMSTÄNDEN HÄTTE ICH MEINEN TEUREN PAZIFIK MIT GRENZENLOSEM DANK BEGRÜSST, DENN DAMIT ERFÜLLTE SICH DER SEHNLICHSTE WUNSCH MEINER JUGEND. TAUSEND BLAUE MEILEN WEIT WOGTE DIESER OZEAN HEITER GEN OSTEN. EIN UNERKLÄRLICH SÜSSES GEHEIMNIS UMGIBT DIESES MEER, DESSEN SANFT EHRFURCHTSVOLLES WIEGEN VON EINER DARUNTER VERBORGENEN SEELE ZU SPRECHEN SCHEINT WIE JENES SAGENHAFTE WOGEN DES RASENS ÜBER EINEM GRAB DES EVANGELISTEN JOHANNES ZU EPHESOS.

UND ES HAT SEINEN SINN, WENN ÜBER DIESEN SEEGEFILDEN, WEITWOGENDEN WASSERWÜSTEN UND TÖPFERSÄCKERN ALLER VIER ERDTEILE DIE WOGEN STEIGEN UND FALLEN UND OHNE UNTERLASS FLUTEN UND VEREBBEN, DENN HIER LIEGEN MILLIONEN VON GEISTERN UND SCHATTEN, ERTRUNKENE TRÄUME, SCHLAFWANDELN UND NACHTMAHRE, ALL DAS, WAS WIR LEBEN UND SEELE NENNEN, LIEGT DORT UND TRÄUMT FORT UND FORT, WÄLZT SICH WIE EIN SCHLAFENDER IM BETT, UND DURCH DIESE RUHELOSIGKEIT WERDEN DIE WOGEN ZU IHRER UNAUFHÖRLICHEN BEWEGUNG AUFGERÜHRT.

Hermann Melville
„Moby Dick"

WELLEN BEI SONNENUNTERGANG *Cannon Beach, Oregon, USA*

WELLEN *Pazifikküste, Oregon, USA*

BRANDUNG *Pazifikküste, Oregon, USA*

AUF DEN WELLEN IST ALLES WELLE,

AUF DEM MEER IST KEIN EIGENTUM.

Friedrich von Schiller
„Die Braut von Messina"

BRANDUNG *Pazifikküste, Oregon, USA*

BELUGAWAL *Arktis, Kanada*

WELLEN *Maui, Hawaii, USA*

ICH MEINE DOCH, ES MUSS LAND IM SÜDEN LIEGEN. ABER WENN ES DER FALL IST, KANN ES VÖGELN UND ANDEREN TIEREN KEINE BESSERE ZUFLUCHT GEWÄHREN ALS DAS EIS SELBST, VON DEM ES FAST VOLLSTÄNDIG BEDECKT SEIN MUSS.

Roald Amundsen

KÖNIGSPINGUINE *Macquarie Island, Antarktis*

BELUGAWALE *Somerset Island, Kanada*

MEERESWELLEN *Pazifikküste, Oregon, USA*

MEERESWELLEN *Maui, Hawaii, USA*

LUFTAUFNAHME EINES ATOLLS MIT RIFFEN *Bora Bora, Französisch-Polynesien*

TAHITISCHE KINDER
IN EINER LAGUNE
Bora Bora, Französisch-Polynesien

SEEHUND
Nordpazifik, USA

FÜR EINEN UMHERWANDERNDEN, NACHDENKLICHEN WEISEN MUSS DIESER HEITERE PAZIFIK, WENN ER IHN EINMAL GESEHEN HAT, STETS DAS MEER SEINES HERZENS BLEIBEN.

ES IST DAS WOGENDE WASSER IM MITTELPUNKT DER ERDE, UND DER INDISCHE OZEAN UND DER ATLANTIK SIND NICHTS ALS SEINE ARME. DIESELBEN WELLEN BESPÜLEN DIE MOLEN DER NEUERBAUTEN, ERST GESTERN VOM JÜNGSTEN MENSCHENGESCHLECHT GEGRÜNDETEN KALIFORNISCHEN STÄDTE UND DIE VERBLICHENEN, ABER IMMER NOCH PRÄCHTIGEN GESTADE DER ASIATISCHEN LÄNDER, DIE ÄLTER SIND ALS ABRAHAM, WÄHREND DAZWISCHEN MILCHSTRASSEN VON KORALLENINSELN UND NIEDRIGEN, ENDLOSEN, UNBEKANNTEN UND – WIE JAPAN – RÄTSELHAFTEN INSELWELTEN LIEGEN.

SO UMGÜRTET DIESER UNERGRÜNDLICHE, GÖTTLICHE PAZIFIK DEN GANZEN LEIB DER ERDE, MACHT ALLE KÜSTEN ZU EINER IHN UMGEBENDEN BUCHT, ER IST GLEICHSAM DAS HERZ DER ERDE, DAS IN SEINEN GEZEITEN SCHLÄGT. GEWIEGT VON SEINER EWIGEN DÜNUNG, GEHÖRST DU DEM VERFÜHRERISCHEN GOTT, BEUGST DEIN HAUPT VOR PAN.

Hermann Melville
„Moby Dick"

FELSNADELN
Big Sur, Kalifornien, USA

WELLEN UND FELSNADELN *Second Beach, Olympic National Park, Washington, USA*

FELSKLIPPEN
Big Sur, Kalifornien, USA

DELPHIN *Cortez-See, Mexiko*

HERBST-SPIEGELUNGEN *Wynoochee River, Olympic National Park, Washington, USA*

BUCKELWAL *Point Adolphus, Alaska, USA*

FISCHER VOR DER KÜSTE VON MAURITIUS *Indischer Ozean, Mauritius*

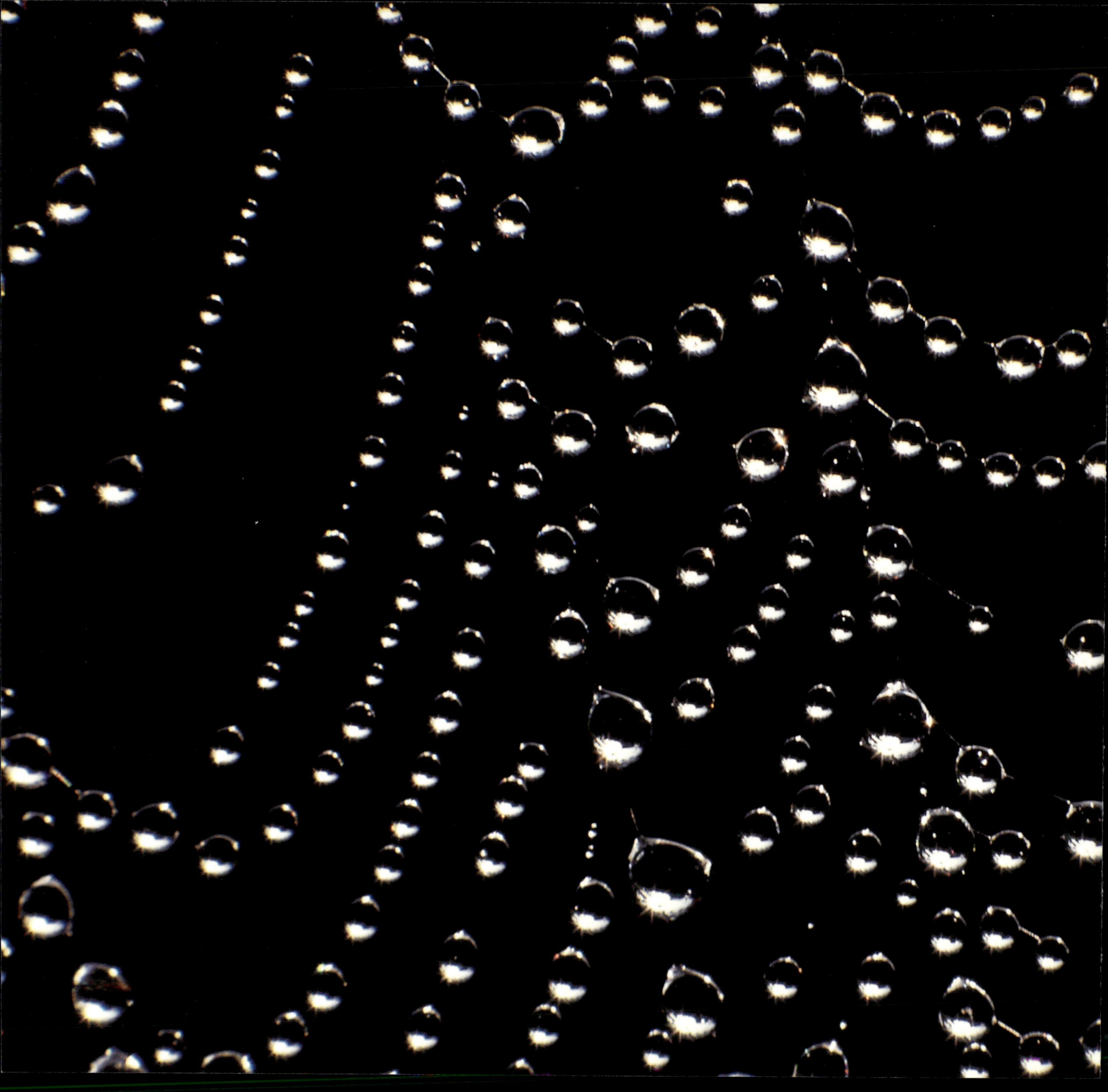

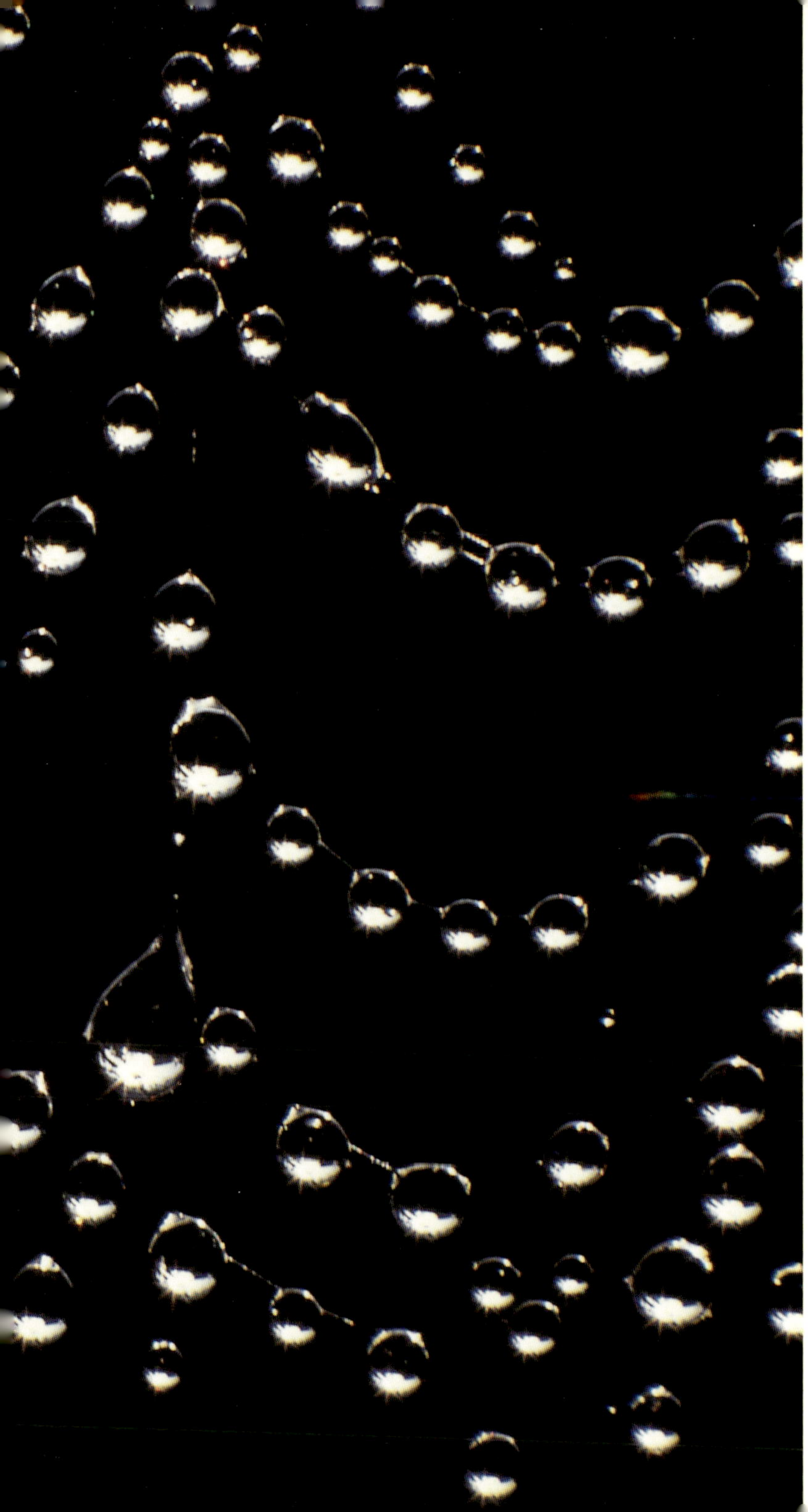

WASSER IST DIE BESTE ARZNEI.

Slawisches Sprichwort

TAUTROPFEN IN EINEM SPINNENNETZ *Washington, USA*

APFELBAUM *Romantische Straße, Deutschland*

GEWITTER
Wester Ross, Schottland

UM DAS WASSER RANKT SICH EIN TIEFES MYSTERIUM. STILLE WASSER, BEWEGTE WASSER, DUNKLE WASSER; SCHON DER KLANG DER WÖRTER HAT ETWAS GEHEIMNISVOLLES, FAST STERBENDES.

H. E. Bates

TANNEN IM NEBEL *Olympic National Park, Washington, USA*

MOND MIT WOLKEN *Tracy Arm, Alaska, USA*

FRÜHLINGSREGEN *Washington, USA*

BÄUME IM NEBEL *Monte San Michele, Toskana, Italien*

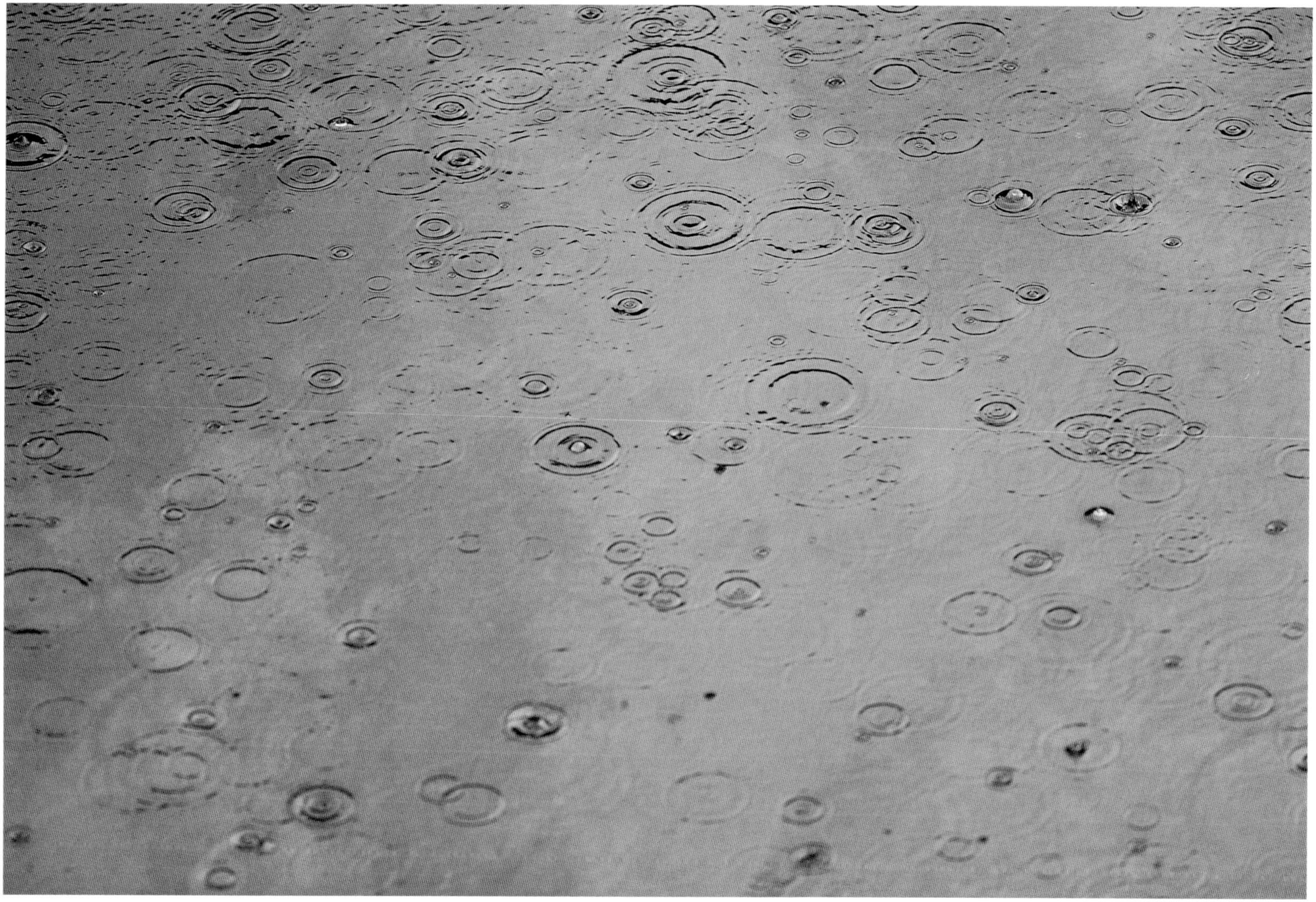

REGENTROPFEN *Arctic National Wildlife Refuge, Alaska, USA*

ZWISCHEN HIMMEL UND ERDE IST WASSER.

Michelle A. Gilders

REGENBOGEN *New Mexiko, USA*

SONNENAUFGANG *Glacier National Park, Montana, USA*

LANDSCHAFT BEI SONNENAUFGANG *Amboseli National Park, Kenia*

JENE REPRODUZIERBARKEIT, WIE SIE DIE WISSENSCHAFT IHREN VERSUCHSOBJEKTEN ABVERLANGT, LIEFERT DAS WASSER NICHT IMMER. SCHNEEFLOCKEN, DIE UNTER GLEICHEN BEDINGUNGEN ENTSTANDEN SIND, NEHMEN UNTERSCHIEDLICHE FORMEN AN. ES SOLL NOCH NIE ZWEI IDENTISCHE SCHNEEFLOCKEN GEGEBEN HABEN.

Joan Davis

WINTERLANDSCHAFT *Honshu, Japan*

BLATT IM EIS *Kanada*

REIF AUF DEM FENSTER *Seattle, Washington, USA*

MILES-GLETSCHER *Alaska, USA*

REIF IM REGENWALD
Olympic National Park, Washington, USA

WINTERLANDSCHAFT
Snoqualmie River,
Washington, USA

EIS UND FELS *Washington, USA*

WILDGÄNSE UND SCHWIMMENDES EIS *Alaska, USA*

DIE OBERFLÄCHE DER SCHOLLEN IST EINE VERWÜSTETE LANDSCHAFT AUS VON DER STRÖMUNG UND DEM ZUSAMMENSTOSS DER PLATTEN NACH OBEN GEPRESSTEN EISSTAUS, AUS EISBUCKELN, UND AUS DEM SCHNEE, DEN DER WIND ZU HARTEN BARRIKADEN KOMPRIMIERT HAT. DERSELBE WIND, DER DEN SCHNEE ÜBER DAS EIS GEZOGEN HAT, DIE SCHNEEFAHNEN, DENEN MAN MIT DEM SCHLITTEN FOLGT, WENN SICH DER NEBEL AUF DAS EIS GELEGT HAT.

Peter Hoeg
„Fräulein Smillas Gespür für Schnee"

 JEFFERIES-GLETSCHER *Wrangell St. Elias National Park, Alaska, USA*

OST-RONGBUK-GLETSCHER *Himalaya, Tibet*

KARIBU IM FLUSS *Arctic National Wildlife Refuge, Alaska, USA*

EIN MENSCH, DER DIE GESELLSCHAFT
DER GLETSCHER SUCHT,
WIRD SICH MIT DER ZEIT
IMMER UNBEDEUTENDER VORKOMMEN.

Mark Twain

EIN GLETSCHER KALBT INS MEER *Alaska, USA*

EISBERGE *Copper River, Alaska, USA*

MAN KANN VERSUCHEN, MIT DEM EIS ZU LEBEN.

ABER MAN KANN NICHT GEGEN DAS EIS ANLEBEN

ODER ES VERÄNDERN UND AN STELLE DES EISES LEBEN.

Peter Hoeg
„Fräulein Smillas Gespür für Schnee"

SEEHUND IM EIS *Tracy Arm, Alaska, USA*

WIE EIN RIESIGES, BEHÄBIGES TIER HEBT UND SENKT, WÄLZT UND WENDET SICH EIN EISKOLOSS, WENN IHM DAS GLEICHGEWICHT GENOMMEN IST.

Klaus Böldl
„Studie in Kristallbildung"

EISBERGE *Tracy Arm, Alaska, USA*

ADELIE-PINGUINE *Antarktis*

OST-RONGBUK-GLETSCHER *Himalaya, Tibet*

EISBERGE *Prince William Sound, Alaska, USA*

ADELIE-PINGUINE *Antarktis*

IMMER WIEDER ERLIEGT MAN DER

TÄUSCHUNG, DASS DIESE EISWELT

EINEN ENDGÜLTIGEN STILLSTAND

ERLANGT HABE.

Klaus Böldl
„Studie in Kristallbildung"

 Hulahula River, Arctic National Wildlife Refuge, Alaska, USA

MILES GLETSCHER *Alaska, USA*

GLETSCHER *Fairweather Range, Alaska, USA*

EISHÖHLE
Glacier Bay, Alaska, USA

WÄHREND MEINE SKIER ÜBER DAS JAHRHUNDERTE ALTE EIS GLITTEN UND ICH AUF DAS WEISS BLICKTE, DAS HIER BIS AN DEN HIMMEL REICHT, FÜHLTE ICH MICH PLÖTZLICH NACH AFRIKA IN DIE SERENGETI VERSETZT. FAST KONNTE ICH DIE WILDEN HERDEN SEHEN, WIE SIE ÜBER DIE WELLIGE EBENE VOR MIR DONNERTEN. DIE SCHÖNHEIT DIESER WEISSEN WILDNIS LINDERT DEN SCHMERZ IN DEN GELENKEN. UNVERGESSLICH DIE SUNDOGS VON ANTARCTICA: REGENBOGEN AUS EISKRISTALLEN, DIE SICH VON VIER SEITEN UM DIE ALLGEGENWÄRTIGE SONNE LEGEN.

Ann Bancroft

KÖNIGSPINGUINE
South Georgia Island,
United Kingdom

GESTRANDETE EISBERGE
Icy Bay, Alaska, USA

GLETSCHERSEE
Alaska, USA

WANN DÜRFEN FLÜSSE KLAGEN?

Von Claus Biegert

Zwei Männer stehen am Ufer des Cuyahoga River. Beide unterhalten sich über Amerika vor und nach der Besiedelung durch die Europäer. Beide sprechen von ihrem Land, wenngleich aus verschiedener Sicht: Einer der beiden ist Indianer.

„Was hättet ihr denn aus diesem Land gemacht, wenn wir aus Europa nicht gekommen wären?" fragt der Nicht-Indianer den Einheimischen. „Ihr hättet es wahrscheinlich immer so gelassen, wie es war. Wir haben das Land immerhin entwickelt."

Der Indianer antwortet nicht gleich. Seine Augen wandern über den Fluß und bleiben an den Schildern längs des Ufers hängen. Auf ihnen wird davor gewarnt, brennende Abfälle oder glimmende Zigarettenkippen in den Fluß zu werfen. Der Cuyahoga River nimmt auf seinem Weg durch Cleveland, Ohio, so viele brennbare Chemikalien mit, daß sich ein dünner Film gebildet hat, der in der Sommerhitze zu einer entflammbaren Schicht geworden ist.

Schließlich antwortet der Indianer, weiterhin auf den Fluß blickend: „Wahrscheinlich hast du recht. Uns wäre es nie eingefallen, einen brennbaren Fluß durch unser Land fließen zu lassen."

Die Begegnung fand Ende der sechziger Jahre statt. Der Indianer war Vine Deloria Jr., ein wortgewandter Jurist, Historiker und Theologe vom Stamm der Lakota aus dem Reservat Standing Rock. Mit der Episode vom brennenden Fluß beginnt seine Streitschrift „We talk, you listen." (deutscher Titel: „Nur Stämme werden überleben").

Unsere Zivilisation hat die Brunnen zum Trinken gegen Brunnen zur Zierde ausgetauscht. Meistens erinnert uns ein Schild an die Qualität: Kein Trinkwasser! Der Hahn, der uns zuverlässig mit Wasser versorgt, hindert uns, über die Herkunft des Wassers zu wissen. Die Wasserleitung nimmt uns den Weg zur Quelle ab. Diesen unterbrochenen Kontakt vor Augen, ließ die Ältesten des Hopi-Dorfes Hotevilla im Hochland von Arizona unerbittlich gegen eine Wasserleitung kämpfen. „Nur wer die Quelle besucht", sagen die Hopi, „kann dem Wasser mit Respekt begegnen und es mit Bedacht nutzen." Kinder, die nur das unsichtbar von weither transportierte Wasser in der Wohnung kennen, können nach Ansicht ihrer Ältesten das Wesen des Wassers nicht begreifen.

Wasser ist heilig, sagen die Ureinwohner aller Erdteile. Die Maori Neuseelands gehen im Namen ihrer Flüsse vor Gericht. So konnten sie ihren heiligen Fluß Kaituna vor einer Kläranlage bewahren. Für die Maori ist es unvorstellbar, Abwässer in ein natürliches Gewässer zu leiten. Zu den Verteidigern Kaitunas gehörte Eva Waitiki: „Wir erzählten den Richtern von unserem Fluß, seiner Kraft, seiner Einzigartigkeit. Wir erzählten ihnen, daß Kaituna wie ein Bruder für uns ist. Sogar von den Taniwha, den schützenden Wassergeistern, sprachen wir. Wir erklärten ihnen, daß die Krankheiten der Seele, die wir Mate Maori nennen, nur in einem gesunden Fluß geheilt werden können. Und daß das Abwasser dem Kaituna die Heilkraft, und unseren Kranken die Hoffnung nehmen wird."

Eva Waitiki war selbst einmal als Kranke zum Kaituna gekommen: „Als ich sieben Jahre alt war, trat ich in eine Glasscherbe und zerschnitt mir den Fuß. Der weiße Arzt sagte, ich würde nie mehr richtig gehen können. Da brachten mich unsere alten Leute zum Kaituna. Ich erinnere mich, daß sie mich ganz untertauchten und wie das klare Wasser an mir vorüberströmte. Das wiederholten sie jeden Tag, und nach zwei Wochen war mein Fuß wieder gesund."

Wasser reinigt und heilt. In der Mythologie der alten Ägypter reinigte sich der Sonnengott Rê vor jeder Tagesfahrt im Himmelsozean. Nach der germanischen Sage verleiht der Urd-Brunnen an der Weltenesche Yggdrasil jedem eingetauchten Gegenstand blendendes Weiß. Während des Abendmahls wusch Jesus seinen Jüngern die Füße. In Alt-Mexiko betete die Hebamme beim Waschen eines Neugeborenen, daß das Wasser alle Übel entfernen möge, die ihm von den Eltern her anhafteten. Die Aztekenstadt Tenochtitlàn (an deren Stelle heute die Stadt Mexico City mit ihren Wassernöten steht) wies drei sakrale Badeplätze auf; der Priesterkönig von Tollan nahm um Mitternacht heilige Waschungen vor. Die Beduinen des Sinai reinigen sich vor dem Gebet mit dem wenigen Wasser, das sie haben. Der Besuch heiliger Flüsse zählt für die Inder zu den wichtigsten religiösen Pflichten. Japaner, die die Shinto-Schreine in Ise besuchen, waschen sich unterwegs im Isuzu-Fluß die Hände und spülen sich mit dem Flußwasser den Mund aus. Um sich einer körperlichen und geistigen Reinigung zu unterziehen, begeben sich die Indianer Nordamerikas in die Schwitzhütte, in der sie singen, während sie schwitzen. Katholische Christen besprengen sich noch beim Betreten der Kirche mit Weihwasser. Doch im Abendland, sieht man von Bäderkuren und den Anhängern des Sebastian Kneipp ab, ist das Bewußtsein für die symbolisch reinigende Kraft des Wassers weitgehend verlorengegangen. Es wurde als höchst ungewöhnlich empfunden, daß der Bildhauer und Aktionskünstler Joseph Beuys, ein Jahr vor seinem Tod, zu Ostern 1985 sich in der Schweiz in einem rituellen Akt die Füße wusch und dabei auf die Botschaft der Bergpredigt hinwies.

Was ist heilig am Wasser? Was veranlaßte die Angehörigen nichtindustrieller Gesellschaften zu dieser Verehrung? Es ist an der Zeit, dem Charakter des Wassers über die bekannte (chemische und physikalische) Ebene hinaus nachzuspüren.

Die lebenspendende Funktion von Wasser ist die außergewöhnliche Fähigkeit, fremde Stoffe aufzulösen. Es zerstört sie dabei nicht, sondern zerlegt sie nur in Bestandteile, konserviert sie und schleppt sie mit sich fort. Das Wasser befördert alle lebensnotwendigen Substanzen durch die Natur. Es durchflutet Zellen, Organismen und die gesamte Biosphäre mit Nährstoffen und schwemmt Schadstoffe wieder fort. Es sorgt für den Wärmeaustausch des Organismus und schützt bei der Verbrennung von Kohlenhydraten vor tödlicher Überhitzung. Folgerichtig besteht der Mensch zu 60 % aus Wasser, wobei besonders lebenswichtige Organe wie das Gehirn mit 75 % relativ feucht sind und Knochen mit 23 % als trocken gelten.

Es ist das Fließende, das die Mystik nährt. Die Bewegung nach dem eigenen Rhythmus ist ein Teil des Wasserstoffwechsels. Wir sehen, wie Wasser kreisende, wirbel- und strudelartige Bewegungen ausführt, ganz gleich, ob dieses Phänomen sich in Bächen, Flüssen, den Wellen des Meeres oder im Abfluß der Badewanne manifestiert. Durch diese pulsierenden Drehbewegungen reichert sich das Wasser energetisch an. Die Moleküle gehen immer wieder Bindungen ein, die sich wiederum auflösen und neu entstehen; sie vereinigen sich, trennen sich und suchen mit ihren elektrisch geladenen Fühlern nach neuen Partnern. Zueinander sind sie wie kleine, elektrisch polarisierte Stäbchen, die sich innerhalb ihrer Kraftfelder so orientieren, daß jeweils ein positives Ende ein negatives findet. Diese Gitterstrukturen verändern sich mit steigender Temperatur immer häufiger. Bei Stillstand entsteht Eis.

In diesen Gruppierungsritualen lassen sich Schemata erkennen, je nachdem, was das Wasser erlebt hat und was sich gerade darin oder drumherum abspielt. Wahrscheinlich sind es diese Ballungen – die sogenannten Molekül-Cluster –, die dem Wasser dazu verhelfen, Informationen zu speichern. Diese Fähigkeiten könnten helfen, die Heilkräfte von Quellen zu erklären, deren Wasser Jahrtausende im Innern der Erde „reifen" konnten. Außerdem wurde beobachtet, daß sich in dem Wasser, in dem sich viele Kranke baden, die Bakterien nicht so vermehren, wie zu erwarten wäre. Die Chemikerin und Wasserexpertin Joan Davis hat sich auch mit diesem Phänomen befaßt: „Laboruntersuchungen an verschiedenen Quellen in der Barèges in Frankreich zeigten signifikant langsameres Wachstum der Bakterien. Versuche, der Ursache dieses Verhaltens nachzugehen, brachten keine stoffliche Erklärung für diese Eigenschaft."

Versuche aus dem esoterischen Bereich, Wasser durch Zuspruch zu „veredeln", sollen mit nahezu regelmäßiger Sicherheit erfolgreich sein. Die Zahl der Ärzte, die sich diese Erfahrung zunutze machen und sich plötzlich wieder mit den Schamanen der Stammesvölker treffen, wächst. Selten hingegen wagt es ein Mitglied der Wissenschaftsgemeinde, sich mit der Empfindungsfähigkeit des Wassers zu befassen.

Zwei italienische Wissenschaftler, A. Ansaloni und P. Vecchi, veröffentlichten 1986 ihre Arbeiten über Wasser und seine Reaktion auf menschliche Energie. In das Versuchswasser gaben sie Goldchlorid, eine kolloidbildende Substanz. Da Kolloidstrukturen die Farbe von Lösungen beeinflussen, so folgerten die Forscher, müssten sich die Unterschiede des energetischen Zustands visualisieren lassen. Die Testpersonen waren „normale" Menschen und solche, die als Heiler ausgewiesen waren.

Sobald die Heiler ihre Hände um ein Glas Leitungswasser hielten (ohne das Glas zu berühren), änderte sich die Farbe des Wassers von rötlich zu bläulich. Versuche mit Nicht-Heilern führten nur selten zu dieser Veränderung. Hatten diese energetischen Änderungen einmal stattgefunden, waren sie auch nach extrem starker Verdünnung ($> 10^{-30}$) des behandelten Wassers noch nachweisbar. Wasser muß also über eine Methode verfügen, Informationen zu speichern und zu übertragen. Ansaloni und Vecchi unterzogen das Versuchswasser auch einer Resonanzspektralanalyse und mußten feststellen, daß die auffälligsten Änderungen des Wassers im Bereich von 7–10 Hertz lagen, also in jenem Bereich, der besonders relevant für die Lebensprozesse ist.

In einem anderen Experiment wurden Proben von Quellwasser und Leitungswasser mit destilliertem Wasser so stark verdünnt – in einem Verhältnis $1:10^{50}$ –, daß sie als chemisch gleich angesehen werden konnten. Nach der Beigabe von Goldchlorid zeigten die beiden Wasserproben unterschiedliche Färbungen.

Die Versuche der Italiener wurden mehrfach bestätigt: Bei einer Spektralanalyse im Infrarotbereich wurden bei tieferen Wellenlängen Verschiebungen in der Aufzeichnung der Absorption beobachtet. Bei einem Versuch in Zürich 1991 floß Wasser durch einen Schlauch, der einem magnetischen Feld ausgesetzt war. Das Wasser wurde vor und nach der Behandlung in einem Kernresonanzspektroskop gemessen und ließ am Schluß deutliche Veränderungen erkennen. Beweist dies zwar noch kein Langzeitgedächtnis, so weist es immerhin auf eine „Erinnerung" an die Magnetbehandlung hin.

Wasser überrascht: Es verdampft erst bei 100 ^{0}C (statt bei –100 ^{0}C, wie auf Grund des Verhaltens verwandter Verbindungen zu erwarten wäre) und gefriert bei 0 ^{0}C (statt bei –120 ^{0}C). Verdampfungswärme und Schmelzwärme sind fast dreimal so hoch, wie zu erwarten wäre. Joan Davis sagt: „Wir sehen, daß es auf der Erde kein normales Leben gäbe, wenn Wasser sich normal verhalten würde."

Der Geologe James Hutton (1725–1797) verglich als erster den Wasserkreislauf der Erde mit dem menschlichen Blutkreislauf. Umgekehrt setzt sich sich unser Blut hauptsächlich aus Wasser zusammen. Die meisten biologischen Systeme bestehen größtenteils aus Wasser, und so liegt es auf der Hand, daß Wasser das primäre und wichtigste Element für alle Lebensprozesse ist. Im zweiten Monat der Schwangerschaft besteht der Fötus noch fast ausschließlich aus Wasser, und sogar im Alter macht der Anteil des Wassers am menschlichen Organismus immer noch 60 % aus. Es ist daher vielleicht wenig verwunderlich, daß das Wasser zur Aufrechterhaltung seines optimalen „gesundheitlichen" Zustandes und zu seiner Regeneration die gleichen Grundbedürfnisse wie das Blut hat.

Viktor Schauberger (1885–1958), ein österreichischer Förster und Naturforscher, den man auch den „Wasserzauberer" nannte, stellte ebenfalls eine klare Analogie zwischen Wasser- und Blutkreislauf des Menschen her. Er bezeichnete Flüsse, Bäche und unterirdische Wasserläufe als die Arterien und das Kapillarnetz des lebendigen Organismus der Erde. Seiner Ansicht nach war Wasser weit mehr als nur ein Konglomerat von Molekülen mit der chemischen Formel H_2O, sondern vielmehr „die erstgeborene" organische lebendige Substanz unseres Universums. Wasser als lebendiger Organismus benötigt wie das Blut bestimmte Voraussetzungen, um seinen Stoffwechsel aufrechtzuerhalten. Drei Grundbedingungen nennt Schauberger: Die Freiheit, in wirbelnden, spiralartigen Bewegungen fließen zu können – Der Schutz vor übermäßigem Druck, Licht und Hitze – Kontakt mit Sauerstoff und atmosphärischen Gasen über Diffusionsprozesse.

Der Lebensraum des Wassers ist durch die Lebensgewohnheiten der Menschen, durch Schwermetalle, Pestizide, chemische Gifte, Nuklide und nicht zuletzt durch die Kondensationskerne der Flugzeuge nahezu zerstört. Die Gifte, die vor 20 Jahren herunterregneten, befinden sich jetzt in einer Tiefe von 1000 Metern. Selbst wenn augenblicklich alles eingestellt würde, was die Umwelt zerstört, wäre das Wasser noch bis zum Jahr 2050 schwer belastet. Langsam, aber sicher werden die Menschen ebenfalls von diesen Verfallseinflüssen erfaßt, denn Wasser gibt seinen Gesundheitszustand an alle lebendigen Wesen weiter, in die es eintritt.

Durch die Aufbereitung von Trinkwasser werden aber nur die Schadstoffe selbst entfernt, während die gespeicherten Schwingungen der Schadstoffe im Wasser enthalten bleiben. Während unser Trinkwasser also chemisch rein ist, kann es physikalisch nach wie vor von der Information der Schadstoffe belastet sein. Ihre störenden elektromagnetischen Schwingungen sind der Wasserstruktur „eingeprägt" und bleiben gespeichert. Dieser, für unsere Gesundheit immens wichtige, Aspekt wird bei der chemischen Analyse von Wasserqualitäten nicht erfaßt. Die hohen Potenzen (extremen Verdünnungen) in der homöopathischen Heilkunde wirken ja auch nur durch die enthaltenen Informationen und nicht durch die Substanzen selber. Vor diesem Hintergrund muß man sich klarmachen, daß Rheinwasser, das von Tausenden von Menschen getrunken und ausgeschieden wurde, durch zwei bis drei Atomkraftwerke gedunstet ist und schließlich vier bis fünf chemische Fabrikationsprozesse durchlaufen hat, an der niederländischen Grenze zu Trinkwasser wiederaufbereitet wird.

In der Tradition Viktor Schaubergers versucht der österreichische Forscher und Erfinder Johann Grander, unserem energetisch toten und negativ informationsbelasteten Leitungswasser die Selbstreinigungskraft zurückzugeben, also in gewisser Weise unser Wasser zu „heilen". Die Wasserbelebung hat ihren Ursprung in dem von Johann Grander entwickelten „Magnetmotor". Bei diesem Motor oder Generator werden die speziell legierten Magnete so geschaltet, daß sie sich gegenseitig immer mehr erregen. Dadurch wird bei den Magneten der von Natur aus vorhandene Magnetismus derart verstärkt, daß bei richtiger Wicklung und Schaltung Energie zu fließen beginnt. Es entsteht eine Naturenergie, die völlig ungefährlich, aber höchst leistungsfähig ist und keinem Wärmeverlust unterliegt. Und genau diese Energie ist es, die die verschiedenen Wässer so umstrukturiert, daß sie bleibend zu besonderen magnetischen Eigenschaften gelangen. Diese sogenannten hochschwingenden Flüssigkeiten können Ur- und Erbinformationen höchster Ordnung vermitteln. Gärtnereien, die mit Grander-Wasser arbeiten, attestieren schnelleres und kräftigeres und gesünderes Wachstum ihrer Pflanzen und Gemüse. In China sollen mittlerweile die Dieselloks mit Wasserbelebern ausgestattet werden, die – als Manschette um die Dieselzuleitungen gelegt – eine bessere Verbrennung bei weniger Abgasen bewirken. In China wurde Johann Grander mit einer Urkunde „als größter Erfinder dieses Jahrhunderts" geehrt. Die Mehrheit der Wissenschaftler hierzulande ist skeptisch und zögert mit Zustimmung. Die Biologin und Referentin für Wasserfragen, Sabine Brückmann, hält einen neuen wissenschaftlichen Ansatz für notwendig. „Unsere Fragen sind durch wissenschaftliche Ausbildung bestimmt. Um diesen Phänomenen auf die Spur zu kommen, müssen wir andere Fragen stellen. Wir haben es hier mit Antworten zu tun, die auf die richtigen Fragen warten."

Wasser ist heilig, sagen die Ureinwohner. Was ist uns noch heilig? „The Absence of the Sacred" (Die Abwesenheit des Heiligen) ist nach Ansicht des amerikanischen Technologiekritikers Jerry Mander Ursache für die ungebremste Gier, mit der die Menschheit die Ressourcen des Planeten plündert und sich aus ihnen jene Werte schafft, auf die sie ihre Zivilisation stützt. Gold ist ein solcher Wert. Während das in der Vergangenheit geförderte Gold – einer ökonomischen Vereinbarung folgend – weitgehend aus der Erde direkt in die Tresore wanderte, hat heute ein neuer Goldrausch begonnen, um Schmuck zu produzieren. Einem Report des World Watch Institute vom Juni 1993 zufolge werden 85 Prozent des abgebauten Edelmetalls zu Industrieschmuck verarbeitet – das sind 2550 Tonnen Gold jährlich.

Goldadern liegen unter der Haut der Erde, aufgeschlitzt werden sie in allen Weltteilen: 69 Staaten schürfen Gold. Gefördert wurde dieser Boom der letzten Jahre durch neue Technologien, die es ermöglichen, selbst einen Hauch von Gold gewinnbringend auszubeuten. Das bedeutet pro Gramm gewonnenes Gold einen Abraum von 999 999 Gramm – 20 Tonnen für einen Ring! Das goldhaltige, zerkleinerte Gestein wird von einer Zyanidlösung durchsickert, die sich mit dem fein verteilten Gold bindet. Die einzelnen Goldwäscher, wie sie täglich in den Regenwald Brasiliens eindringen, arbeiten mit Quecksilber, das sich ebenfalls mit Gold verbindet – und Boden und Gewässer vergiftet.

Zyanid ist das Salz der hochtoxischen Blausäure. Die Vorsichtsmaßnahmen entsprechen nicht den Gefahren. Sei es, daß die Folien undicht werden, auf denen goldhaltiges Gestein seine Zyanidbehandlung erfährt, sei es, daß Überschwemmungen und Regen zu Zyanidausschwemmungen aus den Laugungsanlagen führen oder die Sicherheitsdämme durchlässig werden – vergiftetes Wasser und sterbende Fische gehören mittlerweile zum üblichen Umfeld einer Goldmine in den Tropen. Für jede Tonne Gestein werden bis zu 1,5 Kubikmeter Wasser verbraucht und vergiftet. Doch eine Goldgrube ist im allgemeinen in zehn Jahren ausgehoben. Was bleibt, ist die Vertreibung von Menschen, die Zerstörung landwirtschaftlicher Flächen und vor allem die Vergiftung der Wasservoräte. Rund um den Globus wiederholen sich die Bilder. Betroffen sind meistens Stammesvölker, von den Yanomami Amazoniens über die Western Shoshone Nevadas bis zu den Ubo auf den Phillippinen.

Gold oder Wasser? Gold vs. Wasser. Der Paradigmenwechsel am Ende unseres Jahrhunderts / Jahrtausends wird zunehmend zu Konfrontationen zwischen Zerstörern und Verteidigern von Wasser führen. Neben der punktuellen Vergiftung erhalten die Erdgewässer täglich eine Zugabe von Fremdstoffen – sei es durch den sauren Regen oder durch Chemikalien – wie zum Beispiel Chlor: Wegen seines niedrigen Preises und seiner universellen Einsetzbarkeit wird es seit den 30er Jahren bei der Produktion von Lösungsmitteln, Unkrautvernichtern, Kunststoffen, Holzschutzmitteln und Farben verwendet. Mit Chlor wird Papier gebleicht und Trinkwasser entkeimt. Weltweit kommen heute 40 Millionen Tonnen Chlor jährlich zum Einsatz.

Die billige Chemikalie wird zu einer teuren Hypothek: Da organische Chlorprodukte in der Natur nicht vorkommen, versagen die Abwehrsysteme von Fauna und Flora, ein Abbau findet daher nur extrem langsam oder gar nicht statt. Überall taucht Chlor inzwischen auf: im Grundwasser, im Regen, in Gletschern und sogar in den entlegenen Eiswüsten der Antarktis. Chlorierte Chemikalien sind krebserregend und erbgutverändernd; sie reichern sich in der Nahrungskette an und bleiben so dauerhaft Teil der biologischen Systeme – zu denen auch der Mensch gehört. Eine hohe Zahl von Chlorchemikalien entzieht sich einer Analyse, denn nur Substanzen, die wenig wasserlöslich sind und sich an Aktivkohle anlagern, können von Umweltchemikern aus Wasserproben extrahiert und nachgewiesen werden.

Doch selbst ohne industrielle Vergewaltigung verlangt unser Umgang mit Wasser eine Korrektur. Die Druck-, Pump- und Speicherverfahren, die in der modernen Wasserwirtschaft angewandt werden, schwächen Charakter und Kraft des Wassers. Die zentrifugale Bewegung und der Druck verursachen die gleiche Reaktion wie im Blut – es kommt zur Kristallisierung. Die ionisierten Bestandteile des Wassers lagern sich an den Wänden der Wasserrohre ab und bilden feste Krusten, genauso wie wir es von der Sklerotisierung der Blutgefäße her kennen. Nach Analyse von Hunderten von Gebirgsquellen enthält gesundes Trinkwasser Spurenelemente verschiedener Mineralsalze. In früheren Zeiten, in hölzernen Wasserröhren, blieben diese Mineralsalze im Wasser erhalten. Durch die Verwendung von galvanisierten Stahlrohren verliert das Wasser nicht nur seine elektrische Ladung, sondern auch die Mineralsalze, die eine Regenerierung biologischer Systeme bewirken sollten. Schicksal der Megastädte.

Angesichts der weltweiten Mißhandlung und Mißachtung des Wassers drängt sich eine Frage auf: Wie wird alles enden? Es ist, als lasse man eine Kugel von einem Berg nach unten rollen, und einer der Zusehenden fragt, ob sie wohl unten ankommen werde. Wenn sie niemand stoppt, wird sie ankommen, würde man antworten. Die Antwort kann hier nicht anders ausfallen. Um den kommenden Generationen eine Umwelt mit lebensspendendem Wasser zu hinterlassen, müssen wir die Richtung unseres Weges ändern. Wie der neue Weg beschaffen sein wird und wohin er führen wird, ist nicht genau vorhersehbar und vorhersagbar. Fest steht jedoch, daß der alte Weg der falsche ist.

Tatanka Yotake, der berühmte Medizinmann der Hunkpapa-Lakota, den die Weißen Sitting Bull nannten, sagte einmal: „Wenn ein Mann etwas verloren hat, wird er umkehren, um es zu suchen, bevor er seinen Weg fortsetzt." Verlorene Beziehung zur Natur aber kann nicht einfach wieder aufgeklaubt werden vom Wegrand, sie ist verwoben mit der Art, wie Menschen sich in ihrem Verhältnis zum Kosmos definieren und verhalten. Um endlich der Erde eine Stimme zu geben, haben sich die Rechtsgelehrten – im Sinne der traditionellen Maori – zu Anwälten der Natur gemacht. Ein Pionier des sogenannten Umweltrechts ist der amerikanische Rechtsprofessor Christopher D. Stone, der in seiner provokanten Publikation „Should Trees Have Standing?" (deutscher Titel: „Umwelt vor Gericht") die Frage stellt: Warum kann ein Berg oder ein See, ein Wald oder eine Tierart nicht vor Gericht von Anwälten vertreten werden, wenn selbst eine Firma – unwidersprochen kein lebendes Wesen – Klagerecht erhält? Noch immer können Wesen der Natur juristisch als Eigentum behandelt werden. Stone fordert daher neben dem Klagerecht auch ein Eigenrecht der Natur, das sich nicht aus der Wertvorgabe des Menschen ableitet, sondern unabhängig von Schönheit oder Nutzen von Flora und Fauna definiert. Damit die Flüsse klagen können, wenn sie brennen.

Mitte der siebziger Jahre habe ich „Should Trees Have Standing?" geschrieben. Ich blicke zurück und sehe das weltweite Anwachsen der Umweltbewegung. Und was stellt sich bei mir ein? Gemischte Gefühle! Es erfüllt mich mit Freude und Genugtuung, daß so viele wertvolle Menschen und hervorragende Organisationen ihr Engagement für den Schutz der Natur beweisen. Aber es ist schmerzlich, den wahren Grund für dieses geschärfte Bewußtsein zu erkennen: Zu dem neuen Umweltbewußtsein haben doch Gedanken und Ideen wie die meinen viel weniger beigetragen als ein Aufeinanderfolgen einschneidender, brutaler Katastrophen.

Gegenwärtig sehen wir wichtige Bestandteile unserer planetarischen Gemeinschaft in Gefahr: die Erdatmosphäre, die Ozeane, die Meeresböden und schließlich die Flüsse, die durch mehrere Staaten fließen, ich denke da an den Rhein. Sie sind nicht nur von lebenswichtiger Bedeutung, da sie außerhalb des Verantwortungsbereichs einer einzelnen Nation liegen, die ihnen Schutz bieten könnte, sind sie achtlosen Übergriffen noch verwundbarer ausgesetzt. Sollten wir nicht über institutionelle Maßnahmen nachdenken, bestimmte, hierauf spezialisierte Organisationen als Vormünder für derartige vitale Bereiche unseres Planeten einzusetzen – etwa die World Meteorological Organization für die Ozonschicht , die nicht nur zur Überwachung und Berichterstattung befugt wären, sondern notfalls auch dazu ermächtigt, vor internationalen Gerichtshöfen Klage zu erheben. Hänge ich da Visionen nach, die allzu überspannt sind?

Christopher D. Stone

DANK

Ich danke allen Mitarbeitern bei Frederking & Thaler in Deutschland für ihren Enthusiasmus und die gute Zusammenarbeit. Mein besonderer Dank geht an Monika Thaler, die mit ihrem unermüdlichen Engagement, ihrer Liebenswürdigkeit, Freundlichkeit und Umsicht so viele Dinge für mich möglich gemacht hat.
Des Weiteren danke ich meinen Mitarbeitern – Mel Calvin, Heather Donlan, Christine Eckhoff, Craig Scheak, Deirdre Skillman und Lisa Woods –, die in den vielen Monaten des Jahres, in denen ich mit der Kamera unterwegs bin, getreulich dafür sorgen, daß alles glattgeht, und deren Teamgeist und Einsatzbereitschaft Bücher wie dieses hier überhaupt erst möglich machen.

Art Wolfe

Die Autoren danken Sabine Brückmann, Joan Davis, Ekki Lauschmann, Bertram Verhaag und Lu Wittenborn für ihre Unterstützung.

Der Verlag dankt für die freundliche Genehmigung zum Abdruck folgender Zitate:
S. 158 und 166: Peter Hoeg, Fräulein Smillas Gespür für Schnee, © 1994 Carl Hanser Verlag München, Wien.
S. 103 und 122: © 1997 Artemis & Winkler Verlag, Düsseldorf und Zürich, © der Übersetzung 1964

Die Deutsche Bibliothek – CIP-Einheitsaufnahme
Ein Titeldatensatz für diese Publikation ist bei Der Deutschen Bibliothek erhältlich.

www.frederking-thaler.de

Fotos: Art Wolfe
Texte: Michelle A. Gilders und Claus Biegert

Übersetzung: Ilse Rothfuss, München
Lektorat: Claus Biegert, München
Umschlaggestaltung und Layout: Monika Neuser, 2005 Werbung München
Herstellung und Satz: Verlagsservice Rau, München
Reproduktion: Media One GmbH, Puchheim
Druck und Bindung: Passavia Druckservice, Passau

Printed in Germany

ISBN 3-89405-519-7

Umwelthinweis: Das Papier wurde aus chlorfrei gebleichtem Zellstoff hergestellt und enthält keine Aufheller. Die Einschweißfolie – zum Schutz vor Verschmutzung – ist aus umweltfreundlicher und recyclingfähiger PE-Folie.